Curso

*La diferencia entre aprobar
y sacar plaza*

Empleado de Servicios
(Personal Laboral Grupo 3)
COMUNIDAD AUTÓNOMA DE CANTABRIA

Accede a tu **Curso MAD360** y disfruta de los siguientes recursos:

- Técnicas de Memoria 360.
- MADTEST: Test nivel PRO.
- Temario en formato digital.
- Planificación de estudio.
- Foro entre opositores hasta la fecha del examen.*
- Recursos y novedades exclusivas.
- Consulta sobre la oposición y el proceso selectivo.
- Actualizaciones legislativas (Boletines Oficiales) hasta 60 días antes de la fecha del examen.*

Para acceder al Curso MAD360** será necesaria la compra de todos los libros para esta especialidad de la edición 2024.

Valida los códigos que encuentras en la última página de tus libros y disfruta de la experiencia MAD360.

Infórmate en: mad.es/registro-campus

NOTA IMPORTANTE:

* Examen de esta categoría profesional correspondiente a la convocatoria publicada en el BOC n.º 190, de 1 de octubre de 2024, o hasta el 30 de noviembre de 2025, lo que se cumpla antes.

** El acceso al CURSO MAD360 estará disponible desde noviembre de 2024 (algunos recursos podrían estar disponibles en fecha posterior). Tendrá una duración de 365 días, desde la validación de códigos, o hasta el 30 de mayo de 2026, lo que se cumpla antes.

MAD se reserva el derecho a ampliar dichas fechas.

Empleado de Servicios de la Comunidad Autónoma de Cantabria

(Personal Laboral Grupo 3)

Octubre, 2024

Empleado de Servicios de la Comunidad Autónoma de Cantabria

(Personal Laboral Grupo 3)

Test del temario

Autores

ANA MARÍA SERRANO BÁRCENA
Licenciada en Biología

JOSÉ MANUEL GONZÁLEZ RABANAL
Licenciado en Derecho

JUAN MANUEL GIL RAMOS
Licenciado en Medicina
Máster en Salud Ambiental

JOSÉ LUIS GARRIDO VELA
Licenciado en Derecho

LIDIA PONCE MARTÍNEZ
Licenciada en Psicología

© 7 Editores Recursos para la Cualificación Profesional y el Empleo, S.L. (7 Editores)
© Los autores
Primera edición, octubre 2024 (184 páginas)
Derechos de edición reservados a favor de 7 Editores
IMPRESO EN ESPAÑA
Diseño Portada: 7 Editores
Edita: 7 Editores
Avda. San Francisco Javier, 9 · Edificio Sevilla 2 · Planta 11 · Módulos 25-27 · 41018 Sevilla
Teléfono: 954 784 411 · WEB: www.mad.es · e-mail: administracion@7editores.com
ISBN: 978-84-142-8844-3
© "Editorial Mad" y "Eduforma" son nombres comerciales registrados de
7 Editores Recursos para la Cualificación Profesional y el Empleo, S.L.

Índice

MATERIAS COMUNES

La Constitución Española de 1978: Título Preliminar.
De los Derechos y Deberes fundamentales (Título I)

1. ¿En qué se fundamenta la Constitución Española?

a) En un Estado social y democrático de Derecho.
b) En la indisoluble unidad de la Nación española.
c) En la independencia de los poderes del Estado.
d) En la organización territorial del Estado.

2. Según el artículo 3 de la CE, el castellano es la lengua oficial del Estado y todos los españoles:

a) Tienen el deber de usar y el derecho de conocer el castellano.
b) Tienen el derecho y el deber de conocer el castellano.
c) Tienen el deber de conocer y el derecho de usar el castellano.
d) Tienen el derecho de conocer y usar el castellano.

3. La Constitución Española reconoce y garantiza el derecho a la autonomía:

a) De las nacionalidades que la integran.
b) De las regiones que la integran.
c) De las Comunidades Autónomas que la integran.
d) De las nacionalidades y regiones que la integran.

4. El Preámbulo de la Constitución:

a) Tiene en sí carácter de norma jurídica.
b) Es una declaración de intenciones, destinada a interpretar lo que se quiere alcanzar con el contenido normativo de la Constitución.

c) Se trata de un texto sin fuerza jurídica de obligar.
d) Las respuestas b) y c) son correctas.

5. Señala la respuesta correcta, respecto de la aprobación, ratificación y publicación de la Constitución Española:

a) Aprobada por las Cortes el 31 de octubre de 1978, ratificada por el pueblo en referéndum el 6 de diciembre de 1978 y publicada el 29 de diciembre de 1978.
b) Aprobada por las Cortes el 30 de octubre de 1978, ratificada por el pueblo en referéndum el 16 de diciembre de 1978 y publicada el 27 de diciembre de 1978.
c) Aprobada por las Cortes el 31 de octubre de 1978, ratificada por el pueblo en referéndum el 16 de diciembre de 1978 y publicada el 29 de diciembre de 1978.
d) Aprobada por las Cortes el 10 de octubre de 1978, ratificada por el pueblo en referéndum el 26 de diciembre de 1978 y publicada el 30 de diciembre de 1978.

6. ¿En qué parte de la Carta Magna se establece la exposición de motivos que impulsan la norma constitucional y los objetivos que con ella se pretenden alcanzar?

a) En el Título Preliminar.
b) En el Preámbulo.
c) En el Título I.
d) En el Título II.

7. La Constitución Española fue sancionada por:

a) El Rey.
b) El Presidente del Congreso.
c) Las Cortes Generales.
d) El Presidente del Gobierno.

8. ¿Cuáles de los siguientes españoles de origen pueden ser privados de su nacionalidad?

a) Exclusivamente los miembros de grupos terroristas.
b) Los miembros de grupos terroristas y los que atenten contra el Rey u otro miembro de la Casa Real.
c) Los que atenten contra un miembro de la Familia Real o del Gobierno de la Nación.
d) Ningún español de origen podrá ser privado de su nacionalidad.

9. Según la CE son fundamentos del orden político y la paz social:

a) La dignidad de la persona, los derechos violables que les son inherentes y el respeto a la ley.
b) La dignidad de la persona, el desarrollo limitado de la personalidad y el respeto a la ley.

c) El respeto a la ley, a los reglamentos administrativos y demás disposiciones legales.

d) La dignidad de la persona, los derechos inviolables que le son inherentes, el libre desarrollo de su personalidad, el respeto a la ley y a los derechos de los demás.

10. ¿Cuál de los siguientes es considerado por la CE como uno de los valores superiores del ordenamiento jurídico?

a) La jerarquía normativa.
b) El pluralismo político.
c) La publicidad normativa.
d) La equidad.

11. La forma política del Estado español es:

a) Democracia parlamentaria.
b) Gobierno parlamentario.
c) Monarquía parlamentaria.
d) República democrática.

12. La parte de la CE que regula la estructura de los principales órganos del Estado recibe el nombre de:

a) Parte dogmática.
b) Parte orgánica.
c) Parte estatal.
d) Parte estructural.

13. Según la CE, la soberanía nacional:

a) Corresponde a las Cortes Generales, al estar compuestas por los representantes del pueblo.
b) Corresponde al Rey.
c) Reside en el pueblo español.
d) Corresponde al Gobierno de la Nación elegido directamente por el pueblo.

14. ¿En qué parte de la Carta Magna se señalan los valores superiores del ordenamiento jurídico?

a) En el Preámbulo.
b) En el Título Preliminar.
c) En el Título I.
d) Ninguna respuesta es correcta.

15. ¿Cuál de las siguientes es una de las características de nuestra Constitución de 1978?

a) Consensuada.
b) Corta.

c) Conservadora.
d) Originalidad.

16. Son el fundamento del orden político y de la paz social:

a) El libre desarrollo de la personalidad.
b) Los derechos inviolables que les son inherentes.
c) El respeto a la ley y a los derechos de los demás.
d) Todas las respuestas son correctas.

17. ¿Qué quedará excluido de extradición?

a) Los delitos criminales.
b) Los delitos políticos.
c) Los actos de terrorismo.
d) Ninguno.

18. ¿Qué debe ser democrático, a tenor de lo dispuesto en la Constitución Española, en los sindicatos de trabajadores y las asociaciones empresariales?

a) Su funcionamiento.
b) Su estructura interna.
c) Su funcionamiento y estructura interna.
d) Sus órganos asamblearios.

19. ¿De cuántos Capítulos consta el Título I de la CE de 1978?

a) De tres.
b) De cinco.
c) De dos.
d) De cuatro.

20. El derecho a la propiedad en nuestra Constitución es un Derecho:

a) Inherente a la condición humana.
b) Absoluto.
c) Que está limitado por la función social de la misma.
d) Ninguna de las respuestas anteriores es correcta.

21. Dispone la Carta Magna que todos contribuirán al sostenimiento de los gastos públicos de acuerdo con su capacidad económica mediante un sistema tributario justo inspirado en los principios de:

a) Legalidad y equidad.
b) Igualdad y progresividad.

c) Publicidad y legalidad.
d) Eficacia y sostenibilidad.

22. En virtud del principio de progresividad tributaria:

a) Se implantarán paulatinamente cada vez mayores tributos.
b) Los tipos impositivos serán regresivos.
c) Prima el principio de igualdad en el pago de los tributos.
d) Nada de lo expuesto es cierto.

23. Según la Constitución, el Estado es:

a) Apolítico.
b) Aconfesional.
c) De bienestar social.
d) Federal.

24. El derecho a la vida se consagra en el siguiente artículo de la Constitución:

a) 10.
b) 16.
c) 15.
d) 24.

25. La pena de muerte en España:

a) Ha quedado abolida.
b) Puede aplicarse en cualquier momento.
c) Solo se aplicará, en tiempo de guerra, a los militares.
d) Rige solo en el ámbito civil.

26. La inmediata puesta a disposición judicial derivada del *habeas corpus*, se produce por:

a) Detención ilegal.
b) Prisión ilegal.
c) Prisión preventiva.
d) Detención preventiva.

27. El proceso en el que se enjuicie a un presunto delincuente debe:

a) Ser sumario.
b) No dilatarse.
c) Entorpecer los instrumentos probatorios.
d) Nada de lo anterior es cierto.

28. La entrada en un domicilio en caso de flagrante delito, sin autorización de su titular:

a) Puede dar lugar a la aplicación del *habeas corpus*.
b) Requiere autorización previa de la autoridad judicial.
c) Puede efectuarse en todo momento.
d) No puede realizarse en momento alguno.

29. Cuando, al conocerse la comisión de un delito por una persona, se acude a su domicilio para detenerla:

a) Está obligada a franquear la entrada.
b) Se necesitará autorización judicial para entrar, si no da su consentimiento para ello.
c) Pese a que no dé su consentimiento, se puede entrar.
d) Nada de lo anterior es correcto.

30. La autorización previa para celebrar una manifestación pública:

a) La da el Subdelegado del Gobierno en la Provincia.
b) Es ineludible.
c) Sería inconstitucional.
d) Se da cuando no se prevean alteraciones al orden público, con peligro para personas o bienes.

31. El tipo de sufragio que consagra la Constitución es el:

a) Proporcional.
b) Universal.
c) Censitario.
d) Las respuestas a) y b) son correctas.

32. Además de la no autoinculpación, la Constitución prevé que no se está obligado a declarar sobre un hecho presuntamente delictivo en caso de:

a) Parentesco y afinidad.
b) Cláusula de conciencia.
c) Secreto profesional.
d) Las respuestas a) y b) son correctas.

33. Los Tribunales de Honor están prohibidos respecto de los/la/las:

a) Sindicatos y Organizaciones Profesionales.
b) Administración Civil y Militar.

c) Organizaciones Profesionales y la Administración Civil.
d) Todas las respuestas anteriores son correctas.

34. El secreto profesional, constitucionalmente, sirve para:

a) Ejercer con libertad una profesión titulada.
b) La libertad de creación científica y técnica.
c) No declarar sobre hechos presuntamente delictivos.
d) Todo lo anterior.

35. La fundación de una Internacional Sindical por un sindicato español:

a) Es libre.
b) Está prohibida.
c) Debe plasmarse en un Tratado Internacional.
d) Nada de lo anterior es cierto.

36. El ejercicio del derecho de petición a través de una manifestación ciudadana:

a) No se admite.
b) Se admite en algún caso.
c) Se admite, salvo para los militares.
d) Ni se admite ni se prohíbe.

37. Nuestro sistema tributario ha de ser:

a) Regresivo e igualitario.
b) Progresivo y generalizado.
c) Confiscatorio.
d) Justo y regresivo.

38. Las Fundaciones son:

a) Entidades constituidas para fines de interés general.
b) Administración Corporativa.
c) Entidades privadas con fines de carácter también privado.
d) Asociaciones de personas para conseguir fines de interés general.

39. La asistencia de todo orden a los hijos habidos extraconyugalmente:

a) No está prevista en la Constitución.
b) Es un deber de los padres.
c) Se dispensará por Instituciones de Beneficencia.
d) Se dispensa solo a los que de ellos tengan discapacidad.

40. La especulación urbanística, según la Constitución:

a) Debe evitarse.
b) Está permitida.
c) Genera plusvalías para la colectividad.
d) Pueden hacerla los poderes públicos.

41. No es susceptible de recurso de amparo el derecho a la/de:

a) Sindicación.
b) Investigación científica.
c) Secreto de las comunicaciones.
d) Lo son todos ellos.

42. No es susceptible de recurso de amparo el derecho de:

a) Libertad de cátedra.
b) Negociación colectiva.
c) Manifestación.
d) Huelga.

43. Es susceptible de recurso de amparo el derecho a la/de:

a) Libre sindicación.
b) Petición.
c) Cláusula de conciencia.
d) Lo están todos ellos.

44. Una vez declarado el estado de excepción no se puede suspender el derecho/ libertad de:

a) Huelga.
b) Enseñanza.
c) Adopción de medidas de conflicto colectivo.
d) Libertad de circulación.

45. Durante el estado de excepción, un detenido conserva el derecho de/a:

a) Setenta y dos horas para ser puesto a disposición judicial.
b) Secreto de comunicaciones.
c) Asistencia de Letrado.
d) Ninguno de ellos.

46. Se puede suspender, con motivo de investigaciones relativas a bandas armadas, el derecho de:

a) Huelga.
b) Inviolabilidad del domicilio.
c) Libertad de circulación.
d) Las respuestas b) y c) son correctas.

47. Nuestra Constitución trata de los derechos y deberes fundamentales de los españoles en su Título I, denominado:

a) De los derechos y deberes fundamentales.
b) De los deberes de los españoles.
c) De los derechos de los españoles.
d) De los derechos y deberes principales de los españoles.

48. ¿En qué artículos de nuestra CE se recogen los derechos fundamentales y de las libertades públicas?

a) En los artículos 10 a 43.
b) En los artículos 25 a 38.
c) En los artículos 31 a 45.
d) En los artículos 15 a 29.

Solución al test n.º 1

1. b) En la indisoluble unidad de la Nación española.

2. c) Tienen el deber de conocer y el derecho de usar el castellano.

3. d) De las nacionalidades y regiones que la integran.

4. d) Las respuestas b) y c) son correctas.

5. a) Aprobada por las Cortes el 31 de octubre de 1978, ratificada por el pueblo en referéndum el 6 de diciembre de 1978 y publicada el 29 de diciembre de 1978.

6. b) En el Preámbulo.

7. a) El Rey.

8. d) Ningún español de origen podrá ser privado de su nacionalidad.

9. d) La dignidad de la persona, los derechos inviolables que le son inherentes, el libre desarrollo de su personalidad, el respeto a la ley y a los derechos de los demás.

10. b) El pluralismo político.

11. c) Monarquía parlamentaria.

12. b) Parte orgánica.

13. c) Reside en el pueblo español.

14. b) En el Título Preliminar.

15. a) Consensuada.

16. d) Todas las respuestas son correctas.

17. b) Los delitos políticos.

18. c) Su funcionamiento y estructura interna.

19. b) De cinco.

20. c) Que está limitado por la función social de la misma.

21. b) Igualdad y progresividad.

22. d) Nada de lo expuesto es cierto.

23. b) Aconfesional.

24. c) 15.

25. a) Ha quedado abolida.

26. a) Detención ilegal.

27. b) No dilatarse.

28. c) Puede efectuarse en todo momento.

29. b) Se necesitará autorización judicial para entrar, si no da su consentimiento para ello.

30. c) Sería inconstitucional.

31. b) Universal.

32. c) Secreto profesional.

33. c) Organizaciones Profesionales y la Administración Civil.

34. c) No declarar sobre hechos presuntamente delictivos.

35. a) Es libre.

36. a) No se admite.

37. b) Progresivo y generalizado.

38. a) Entidades constituidas para fines de interés general.

39. b) Es un deber de los padres.

40. a) Debe evitarse.

41. b) Investigación científica.

42. b) Negociación colectiva.

43. d) Lo están todos ellos.

44. b) Enseñanza.

45. c) Asistencia de Letrado.

46. b) Inviolabilidad del domicilio.

47. a) De los derechos y deberes fundamentales.

48. d) En los artículos 15 a 29.

TEST N.º 2

**Ley 8/1981, de 30 de diciembre, por la que se aprueba
el Estatuto de Autonomía para Cantabria: Título Preliminar;
Título I: Instituciones de la Comunidad Autónoma de Cantabria;
Título II: Competencias de Cantabria**

1. Una condición inexcusable para merecer la condición política de cántabro es:

a) Haber nacido en Cantabria.
b) Ser ciudadano español.
c) Tener ascendientes cántabros.
d) Ninguna de las anteriores lo es.

2. La bandera de Cantabria está formada por dos bandas horizontales:

a) De igual anchura.
b) Siendo la de arriba más ancha que la de abajo.
c) Siendo la de abajo más ancha que la de arriba.
d) Y un círculo en medio en el que se inserta el escudo de la comunidad.

3. La concesión de derechos políticos a las Comunidades Cántabras asentadas fuera del ámbito territorial de la Comunidad:

a) Requiere una Ley Orgánica de las Cortes Generales.
b) Debe ser aprobada por la Comunidad Autónoma de Cantabria.
c) Exige una previa Ley del Parlamento de Cantabria.
d) Está prohibida estatutariamente.

4. Las cuestiones de competencia entre los Tribunales de Cantabria y los del resto de España se resuelven por el:

a) Tribunal Constitucional.
b) Consejo General del Poder Judicial.

c) Tribunal Supremo.
d) Tribunal Superior de Justicia de Cantabria.

5. El Tribunal Superior de Justicia de Cantabria es un órgano:

a) De la Comunidad Autónoma de Cantabria.
b) Supranacional.
c) Del poder judicial.
d) Independiente.

6. No tiene potestad de iniciativa de reforma del Estatuto de Autonomía de Cantabria:

a) El Gobierno.
b) El Presidente de la Comunidad.
c) Un tercio de los miembros del Parlamento.
d) Las Cortes Generales.

7. La responsabilidad penal de los Diputados del Parlamento de Cantabria se atribuye:

a) Al Tribunal Superior de Justicia de Cantabria.
b) Al Juzgado de lo Penal competente.
c) A la Sala de lo Penal del Tribunal Supremo.
d) A los jueces ordinarios predeterminados por la Ley.

8. El Parlamento de Cantabria tiene competencia para:

a) Ejercer la iniciativa legislativa.
b) Plantear la cuestión de confianza al Presidente del Gobierno.
c) Impulsar y controlar la acción política del Gobierno.
d) Todas las respuestas son correctas.

9. La aprobación de los presupuestos de la Comunidad Autónoma de Cantabria corresponde al:

a) Parlamento.
b) Consejero competente.
c) Gobierno.
d) Presidente del Parlamento de Cantabria.

10. El pueblo cántabro está representado en:

a) El Parlamento de Cantabria.
b) El Gobierno.

c) Ambos a la vez.
d) El Senado.

11. Las sesiones del Parlamento de Cantabria pueden ser:

a) Ordinarias.
b) Extraordinarias.
c) Ordinarias y extraordinarias.
d) Ordinarias, urgentes y extraordinarias.

12. Elaborar y aprobar el proyecto de Ley de Presupuestos Generales de la Comunidad Autónoma corresponde:

a) Al Gobierno autonómico.
b) Al Parlamento autonómico.
c) Al Presidente autonómico.
d) Todas las respuestas anteriores son incorrectas.

13. La aprobación del Reglamento del Parlamento de Cantabria precisa:

a) La mayoría absoluta de los Diputados.
b) La mayoría simple de los Diputados.
c) Los 2/3 de los Diputados.
d) Los 3/5 de los Diputados.

14. Son electores y elegibles en las elecciones al Parlamento de Cantabria:

a) Los cántabros mayores de 18 años que estén en el pleno goce de sus derechos políticos.
b) Los cántabros mayores de 18 años, estén o no en el pleno goce de sus derechos políticos.
c) Cualquier ciudadano mayor de 18 años que esté en el pleno goce de sus derechos políticos.
d) Los cántabros menores de 18 años que estén en el pleno goce de sus derechos políticos.

15. ¿En cuál de los siguientes casos los Diputados del Parlamento de Cantabria pueden ser detenidos por la comisión de actos delictivos durante su mandato?

a) En cualquier caso.
b) En caso de flagrante delito.
c) En ningún caso.
d) Cuando así se autorice por el Parlamento de Cantabria.

16. ¿En cuál de los siguientes casos no cabría convocar sesiones extraordinarias del Parlamento de Cantabria?

a) Por el Presidente del Parlamento.
b) A petición de la Diputación Permanente.
c) A petición del Gobierno.
d) A petición de la sexta parte de los Diputados.

17. El reconocimiento del origen cántabro a las comunidades montañesas o cántabras asentadas fuera del ámbito territorial de Cantabria implica:

a) El derecho a colaborar y compartir la vida social y cultural de Cantabria.
b) La concesión de derechos políticos.
c) El ejercicio del derecho de autogobierno que la Constitución reconoce a toda nacionalidad.
d) El deber a cooperar económicamente en la ejecución de actividades culturales.

18. Las leyes aprobadas por el Parlamento de Cantabria se promulgan por:

a) El Rey.
b) El Presidente del Gobierno de Cantabria, en nombre del Rey.
c) El Presidente de las Cortes Generales.
d) El Presidente del Parlamento de Cantabria.

19. ¿En qué plazo se celebran las elecciones al Parlamento de Cantabria una vez expirado el mandato parlamentario?

a) El cuarto domingo de mayo cada cuatro años.
b) Entre los cuarenta y sesenta días posteriores a la expiración del mandato.
c) Entre los treinta y setenta días posteriores a la expiración del mandato.
d) El primer domingo de mayo cada cuatro años.

20. La representación ordinaria del Estado en la Comunidad Autónoma de Cantabria la ostenta:

a) El Presidente de la Comunidad Autónoma.
b) El Delegado del Gobierno.
c) El Presidente del Parlamento de Cantabria.
d) El Rey.

21. Indica en qué casos el Presidente de la Comunidad Autónoma de Cantabria puede delegar permanentemente funciones propias en uno de los Consejeros:

a) En ningún caso.
b) En los casos en que se admita la delegación.

c) En caso de ausencia.
d) En materias administrativas.

22. En el ámbito de las competencias de la Comunidad Autónoma de Cantabria, la petición de informes al Consejo de Estado se suscribe por:

a) El Presidente del Parlamento de Cantabria.
b) El Consejero de Presidencia.
c) El Presidente del Gobierno.
d) El Consejero respectivo.

23. El nombramiento del Presidente de la Comunidad Autónoma de Cantabria corresponde al:

a) Rey.
b) Presidente del Parlamento de Cantabria.
c) Rey, a propuesta del Presidente del Gobierno.
d) Rey, a propuesta del Consejero de Presidencia.

24. La responsabilidad política del Gobierno ante el Parlamento de Cantabria es:

a) Solidaria.
b) Individual de cada Consejero.
c) Mancomunada.
d) Solidaria, sin perjuicio de la responsabilidad directa de cada Consejero por su gestión.

25. El Presidente de la Comunidad Autónoma de Cantabria es responsable político ante:

a) El Parlamento de Cantabria.
b) El Tribunal Supremo.
c) El Gobierno.
d) El Tribunal Superior de Justicia de Cantabria.

26. La publicación del nombramiento del Presidente del Tribunal Superior de Justicia de Cantabria en el «Boletín Oficial de Cantabria» corresponde ordenarlo al:

a) Ministerio de Justicia.
b) Rey, a propuesta del Presidente del Consejo General del Poder Judicial.
c) Presidente de la Comunidad Autónoma de Cantabria.
d) Presidente del Gobierno, a propuesta del Rey.

27. La responsabilidad penal del Presidente de la Comunidad Autónoma de Cantabria por actos cometidos en el ámbito de la Comunidad Autónoma de Cantabria es exigible ante:

a) El Tribunal ordinario legalmente predeterminado.
b) La Sala Segunda del Tribunal Supremo.

c) La Audiencia Nacional.
d) La Sala Cuarta del Tribunal Supremo.

28. La responsabilidad penal de los Consejeros por los delitos cometidos fuera del ámbito territorial de la Comunidad Autónoma de Cantabria es exigible ante:

a) El Tribunal Superior de Justicia de Cantabria.
b) Los jueces ordinarios predeterminados por la Ley.
c) El Juzgado de lo Penal competente por razón del lugar en que se haya cometido el delito.
d) La Sala Tercera del Tribunal Supremo.

29. La adopción de la moción de censura por el Parlamento de Cantabria requiere:

a) La mayoría absoluta de los Diputados.
b) La mayoría simple de los Diputados.
c) Las 2/5 partes de los Diputados.
d) Las 3/5 partes de los Diputados.

30. Indica la mayoría que deberá obtener en segunda votación el candidato a Presidente de la Comunidad Autónoma de Cantabria para ser elegido:

a) Mayoría simple.
b) Mayoría absoluta.
c) Mayoría de 3/5.
d) Ninguna de las anteriores es correcta.

31. Para otorgar la confianza al Presidente de la Comunidad Autónoma de Cantabria es preciso:

a) La mayoría absoluta de los miembros del Parlamento.
b) La mayoría simple de los miembros del Parlamento.
c) Las 2/3 partes de los miembros del Parlamento.
d) Las 3/5 partes de los miembros del Parlamento.

32. El Presidente de la Comunidad Autónoma de Cantabria es elegido por:

a) El Parlamento de entre sus miembros.
b) El Rey, a propuesta del Presidente del Parlamento de Cantabria.
c) El Presidente del Parlamento de Cantabria.
d) Los Consejeros.

33. Indica el número mínimo de diputados que se precisa para plantear una moción de censura en el Parlamento de Cantabria:

a) El 10 % de los Diputados.
b) El 15 % de los Diputados.

c) El 25 % de los Diputados.
d) Ninguna respuesta es correcta.

34. En el ejercicio de las competencias exclusivas de Cantabria corresponde:

a) Al Parlamento la potestad legislativa y al Gobierno la potestad reglamentaria.
b) A las Cortes Generales la potestad legislativa y al Gobierno la potestad reglamentaria.
c) Las potestades legislativa y reglamentaria se atribuyen al Gobierno.
d) Ninguna respuesta es correcta.

35. Le corresponde establecer el orden del día del Parlamento de Cantabria al/a la:

a) El Presidente, oída la Mesa.
b) La Mesa, oída la Junta de Portavoces.
c) La Junta de Portavoces, oído el Presidente.
d) El Pleno del Parlamento.

36. En el supuesto de cese del Presidente del Parlamento de Cantabria por haber perdido su condición de Diputado, se convocará a la Cámara para la elección del nuevo Presidente dentro de:

a) Los siete días siguientes a producirse el hecho determinante del cese.
b) Los diez días siguientes a producirse el hecho determinante del cese.
c) Los quince días siguientes a producirse el hecho determinante del cese.
d) Los veinte días siguientes a producirse el hecho determinante del cese.

37. La Comunidad Autónoma de Cantabria no tiene competencia exclusiva en:

a) Estadísticas para fines de la Comunidad Autónoma.
b) Puertos, aeropuertos y helipuertos que no tengan la calificación de interés general del Estado.
c) Régimen minero y energético.
d) Régimen local.

38. La pesca en aguas interiores es una competencia de la comunidad:

a) Ejecutiva.
b) Sanitaria.
c) Legislativa y ejecutiva.
d) Exclusiva.

39. Indica las potestades que se atribuyen a la Comunidad Autónoma de Cantabria:

a) La potestad expropiatoria.
b) Las potestades de deslinde, investigación y recuperación.

c) La potestad sancionadora.
d) Todas las respuestas son correctas.

40. Las funciones ejecutivas y administrativas de la Comunidad Autónoma de Cantabria son ejercidas por:

a) El Gobierno.
b) El Presidente del Gobierno.
c) Los Consejeros.
d) Los Vicepresidentes.

41. ¿En cuál de las siguientes materias tiene competencia exclusiva la Comunidad Autónoma de Cantabria?

a) Propiedad intelectual e industrial.
b) Ferias internacionales que se celebren en Cantabria.
c) Expropiación forzosa.
d) Promoción y tutela de menores.

42. La materia de espectáculos públicos es una competencia de la Comunidad Autónoma de Cantabria:

a) Exclusiva.
b) Ejecutiva.
c) De desarrollo legislativo y ejecutivo.
d) De desarrollo legislativo.

43. La organización y estructura de los organismos autónomos de la Comunidad Autónoma de Cantabria es competencia de esta de forma:

a) Exclusiva.
b) Ejecutiva.
c) Organizativa.
d) Administrativa.

44. Indica el carácter de la competencia de la Comunidad Autónoma de Cantabria en materia de pesas, medidas y contraste de metales:

a) Exclusiva.
b) De ejecución.
c) De desarrollo legislativo y ejecución.
d) Ninguna respuesta es correcta.

45. Indica si las Cortes Generales en materia de competencia estatal pueden atribuir a las Comunidades Autónomas la facultad de dictar normas legislativas:

a) Sí, por medio de una ley de bases.
b) Sí, por medio de una ley marco.

c) Sí, por medio de una ley de armonización.
d) Sí, por medio de una ley de transferencia.

46. En la Comunidad Autónoma de Cantabria la competencia de ordenación del sector pesquero es:

a) Ejecutiva.
b) Exclusiva.
c) De desarrollo legislativo y ejecutivo.
d) De desarrollo legislativo.

47. El esquema competencial atribuido a la Comunidad Autónoma de Cantabria puede verse incrementado por los mecanismos complementarios previstos en el artículo 27 del EAC:

a) Transcurridos cinco años desde que el acuerdo del Parlamento cántabro aprobó la asunción de nuevas competencias.
b) Por atribución de las Cortes Generales de materias competencia exclusiva del Estado.
c) Mediante transferencia o delegación del Estado en virtud de Ley Orgánica.
d) Todas las anteriores.

48. El Defensor del Pueblo podrá supervisar la actividad de la Administración:

a) Siempre y cuando lo autorice el Presidente de la Diputación.
b) Dando cuenta al Parlamento cántabro.
c) Bajo la supervisión del Gobierno cántabro, que habrá de votarlo por mayoría absoluta.
d) Ninguna es correcta.

49. ¿Cuál de las siguientes no es una potestad o privilegio de la que goce la Comunidad Autónoma de Cantabria?

a) La legitimidad de sus actos.
b) La irrecurribilidad de sus resoluciones.
c) La inembargabilidad de sus bienes.
d) La exención de prestar caución ante los Tribunales de Justicia.

50. Para el ejercicio de la competencia de vigilancia y protección de sus edificios e instalaciones la Comunidad Autónoma de Cantabria podrá:

a) Contratar seguridad privada.
b) Ejercerla mediante Policía Local.
c) Convenir con el Estado la adscripción de una unidad del Cuerpo Nacional de Policía.
d) Cedérselo a la Ertzaintza.

Solución al test n.º 2

1. b) Ser ciudadano español.

2. a) De igual anchura.

3. d) Está prohibida estatutariamente.

4. c) Tribunal Supremo.

5. c) Del poder judicial.

6. b) El Presidente de la Comunidad.

7. d) A los jueces ordinarios predeterminados por la Ley.

8. d) Todas las respuestas son correctas.

9. a) Parlamento.

10. a) El Parlamento de Cantabria.

11. c) Ordinarias y extraordinarias.

12. a) Al Gobierno autonómico.

13. a) La mayoría absoluta de los Diputados.

14. a) Los cántabros mayores de 18 años que estén en el pleno goce de sus derechos políticos.

15. b) En caso de flagrante delito.

16. d) A petición de la sexta parte de los Diputados.

17. a) El derecho a colaborar y compartir la vida social y cultural de Cantabria.

18. b) El Presidente del Gobierno de Cantabria, en nombre del Rey.

19. a) El cuarto domingo de mayo cada cuatro años.

20. a) El Presidente de la Comunidad Autónoma.

21. a) En ningún caso.

22. c) El Presidente del Gobierno.

23. a) Rey.

24. d) Solidaria, sin perjuicio de la responsabilidad directa de cada Consejero por su gestión.

25. a) El Parlamento de Cantabria.

26. c) Presidente de la Comunidad Autónoma de Cantabria.

27. b) La Sala Segunda del Tribunal Supremo.

28. b) Los jueces ordinarios predeterminados por la Ley.

29. a) La mayoría absoluta de los Diputados.

30. a) Mayoría simple.

31. b) La mayoría simple de los miembros del Parlamento.

32. a) El Parlamento de entre sus miembros.

33. b) El 15% de los Diputados.

34. a) Al Parlamento la potestad legislativa y al Gobierno la potestad reglamentaria.

35. b) La Mesa, oída la Junta de Portavoces.

36. d) Los veinte días siguientes a producirse el hecho determinante del cese.

37. c) Régimen minero y energético.

38. d) Exclusiva.

39. d) Todas las respuestas son correctas.

40. a) El Gobierno.

41. d) Promoción y tutela de menores.

42. b) Ejecutiva.

43. a) Exclusiva.

44. b) De ejecución.

45. b) Sí, por medio de una ley marco.

46. c) De desarrollo legislativo y ejecutivo.

47. c) Mediante transferencia o delegación del Estado en virtud de Ley Orgánica.

48. b) Dando cuenta al Parlamento cántabro.

49. b) La irrecurribilidad de sus resoluciones.

50. c) Convenir con el Estado la adscripción de una unidad del Cuerpo Nacional de Policía.

TEST N.º 3

Ley de Cantabria 2/2019, de 7 de marzo, para la igualdad efectiva entre mujeres y hombres. Título Preliminar: Disposiciones Generales. Título I: Competencias, funciones, coordinación y financiación

1. ¿Qué Ley de Cantabria tiene por objeto hacer efectivo el derecho de igualdad de trato y oportunidades entre mujeres y hombres para lograr una sociedad igualitaria?

a) La Ley 7/1985, de 2 de abril.
b) La Ley 3/2018, de 28 de mayo.
c) La Ley 2/2019, de 7 de marzo.
d) La Ley de Cantabria 3/1997, de 26 de mayo.

2. ¿A qué Administración corresponde conforme al artículo 6 de la Ley 2/2019, de 7 de marzo, ejecutar medidas de acción positiva en el ámbito local?

a) A todas las Administraciones Públicas.
b) A la Administración autonómica.
c) A los municipios y demás entidades locales.
d) A la Administración Central.

3. ¿A quién corresponde el impulso, asesoramiento, planificación, control y evaluación de las políticas de igualdad entre mujeres y hombre en el ámbito de la Comunidad Autónoma de Cantabria?

a) A la Presidencia de la Comunidad.
b) A la Consejería de Presidencia, Justicia, Seguridad y Simplificación Administrativa.
c) A la Asamblea Regional de Cantabria.
d) A la Consejería de Inclusión Social, Juventud, Familias e Igualdad.

4. ¿Cuál de los siguientes principios no se encuentra entre los establecidos como principios generales en la Ley de Cantabria 2/2019, de 7 de marzo, para la igualdad efectiva entre mujeres y hombres?

a) El reconocimiento y protección de la maternidad biológica o no biológica como una función social necesaria para toda la sociedad.
b) El impulso de la efectividad del principio de igualdad en las relaciones entre particulares.

35

c) La participación y representación prioritaria de mujeres en los distintos órganos de representación o de toma de decisiones.

d) La implantación en el ámbito administrativo de un lenguaje no sexista en toda la documentación escrita, gráfica y audiovisual.

5. ¿Cuál es el órgano colegiado adscrito a la Consejería competente en materia de igualdad de género, destinado a detectar, analizar y proponer estrategias para corregir situaciones de desigualdad entre mujeres y hombres en la Comunidad Autónoma de Cantabria?

a) La Comisión para la integración de la perspectiva de género en los Presupuestos de la Comunidad Autónoma de Cantabria.

b) La Comisión para la Igualdad de Género.

c) El Observatorio de Igualdad de Género.

d) El Consejo Regional de Igualdad.

6. ¿Cuál es el órgano colegiado permanente para la integración de la perspectiva de género en el proceso presupuestario de los diferentes órganos de la Comunidad Autónoma de Cantabria?

a) La Comisión para la integración de la perspectiva de género en los Presupuestos de la Comunidad Autónoma de Cantabria.

b) La Comisión para la Igualdad de Género.

c) El Comité para la integración de la perspectiva de género en los Presupuestos de la Comunidad Autónoma de Cantabria.

d) El Consejo para la integración de la perspectiva de género en los Presupuestos de la Comunidad Autónoma de Cantabria.

7. Señala uno de los principios generales que rigen y orientan la actuación de los poderes públicos en el marco de sus competencias para la consecución de los fines de la Ley 2/2019, de 7 de marzo:

a) El empoderamiento de las mujeres y su participación en todas las políticas y acciones públicas, así como la eliminación de roles sociales y de estereotipos de género.

b) La participación y representación equilibrada de mujeres y hombres en los distintos órganos de representación o de toma de decisiones.

c) La integración transversal de la perspectiva de género en todas las políticas y acciones públicas.

d) Todas las respuestas son correctas.

8. La evaluación continuada de las políticas de igualdad de género y de la incorporación de la perspectiva de género en el conjunto de las actuaciones de la Administración de la Comunidad Autónoma, sector público institucional y del grado de cumplimiento de la Ley 2/2019, es una competencia de:

a) La Dirección General de Inclusión Social, Familias e Igualdad.

b) El Consejo de la Mujer.

c) El Observatorio de Igualdad de Género.

d) La Comisión para la Igualdad de Género.

9. La Ley 2/2019, de 7 de marzo, será de aplicación a:

a) A todas las entidades que realicen actividades de educación o de enseñanza superior en Cantabria financiadas con fondos públicos.

b) Al personal al servicio de la Administración de Justicia.

c) A la Administración de la Comunidad Autónoma de Cantabria así como a todas las entidades que conforman el sector público de la Comunidad Autónoma de Cantabria.

d) Todas las respuestas son correctas.

10. Los principios generales establecidos en la Ley de Cantabria 2/2019, de 7 de marzo, para la igualdad efectiva entre mujeres y hombres, según establece su artículo 3.1, regirán y orientarán:

a) La actuación de los poderes públicos en el marco de sus competencias.

b) La actuación de las personas físicas y jurídicas, sean públicas o privadas.

c) La actuación de la sociedad en su conjunto.

d) La actuación de todos los ciudadanos de Cantabria.

11. ¿Cuál es actualmente el órgano coordinador de las políticas de transversalidad de género y las políticas de acción positiva a favor de las mujeres en Cantabria?

a) La Dirección General de Igualdad, Justicia y Mujer.

b) La Dirección General de Políticas de Igualdad y Promoción de la Mujer.

c) La Dirección General de Inclusión Social, Familias e Igualdad.

d) La Dirección General de Igualdad, Políticas Sociales y Conciliación.

12. Señala una de las funciones de la Dirección General de Inclusión Social, Familias e Igualdad:

a) Apoyo a la adecuación y creación de estructuras, programas y procedimientos para integrar la perspectiva de género en su actividad administrativa.

b) Realización de estudios e investigaciones sobre la situación de mujeres y hombres desde la perspectiva de género.

c) Desarrollar programas que fomenten la autonomía personal y económica de las mujeres e impulsar el empleo femenino.

d) Todas las respuestas son correctas.

13. ¿A quién corresponde elaborar, en los términos que se establezcan reglamentariamente, un informe sobre el conjunto de las actuaciones puestas en marcha por la Administración de la Comunidad Autónoma, en relación con la efectividad del principio de igualdad entre mujeres y hombres que se presentará al Parlamento de Cantabria?

a) A la Consejería competente en materia de igualdad de género.

b) A la Dirección General de Inclusión Social, Familias e Igualdad.

c) Al Instituto Cántabro de Estadística.
d) Al Consejo de la Mujer.

14. ¿Cuál es, a tenor del artículo 9 de la Ley 2/2019, el órgano colegiado y permanente de apoyo a la integración del principio de igualdad y de la perspectiva de género en las actuaciones del Gobierno de Cantabria, incluida tanto la Administración General como la Institucional, en el marco de la Estrategia de Mainstreaming de Género del Gobierno de Cantabria?

a) La Consejería de Inclusión Social, Juventud, Familias e Igualdad.
b) El Observatorio de Igualdad de Género.
c) El Consejo de la Mujer.
d) La Comisión para la Igualdad de Género del Gobierno de Cantabria.

15. La Ley de Cantabria 2/2019, de 7 de marzo, para la Igualdad Efectiva entre Mujeres y Hombres, se aplica a:

a) La actividad administrativa del Parlamento de Cantabria.
b) Las entidades privadas que suscriban contratos o convenios de colaboración o sean beneficiarias de las ayudas o subvenciones que conceda la Administración de la Comunidad Autónoma de Cantabria así como todas las entidades que conforman el sector público de la Comunidad Autónoma de Cantabria.
c) Las entidades que integran la Administración Local, sus organismos autónomos, consorcios, fundaciones y demás entidades con personalidad jurídica propia en los que sea mayoritaria la representación directa de dichas entidades, en el marco de la legislación básica que les resulte de aplicación y conforme al principio constitucional de autonomía local.
d) Todas las respuestas son correctas.

16. ¿Cómo se denomina el órgano colegiado de participación, representación y consulta en el ámbito de la Comunidad Autónoma de Cantabria?

a) Consejo de la Mujer.
b) Consejo Regional de Igualdad.
c) Comisión para la Igualdad de Género.
d) Observatorio de Igualdad de Género.

17. ¿A qué Administración corresponde conforme al artículo 6 de la Ley 2/2019, de 7 de marzo, facilitar la formación en materia de igualdad para el personal al servicio de la Administración local?

a) A todas las Administraciones Públicas.
b) A la Administración autonómica.
c) A los municipios y demás entidades locales.
d) A la Administración Central.

18. La investigación y detección de situaciones de discriminación por razón de sexo, adopción de medidas para su erradicación y tramitación de los procedimientos sancionadores correspondientes, es una competencia de:

a) La Dirección General de Inclusión Social, Familias e Igualdad.
b) El Consejo de la Mujer.
c) El Observatorio de Igualdad de Género.
d) La Comisión para la Igualdad de Género.

19. ¿Qué norma regula la composición, funciones y régimen de organización y funcionamiento del Consejo de la Mujer de Cantabria?

a) La Ley 2/2019, de 7 de marzo.
b) El Decreto 177/2015, de 9 de abril.
c) El Decreto 88/2018, de 25 de octubre de 2018.
d) La Ley 3/2018, de 28 de mayo.

20. En cada Consejería, el nombramiento de titulares de sus órganos directivos, deberá contemplar el principio de:

a) Igualdad.
b) Representación equilibrada de hombres y mujeres.
c) No discriminación sexista.
d) Proporcionalidad en el nombramiento de mujeres y hombres.

21. Señala uno de los principios generales que rigen y orientan la actuación de los poderes públicos en el marco de sus competencias para conseguir los fines de la Ley 2/2019:

a) La adopción de medidas que garanticen la igualdad en lo que se refiere al acceso al empleo, a la formación, a la promoción profesional, a la igualdad salarial y a las condiciones laborales.
b) La erradicación de la violencia de género poniendo en marcha sistemas de información, protección y acompañamiento a todas las mujeres víctimas, facilitando la colaboración y coordinación con todos los agentes implicados en la materia.
c) El impulso de la efectividad del principio de igualdad en las relaciones entre particulares.
d) Todas las respuestas son correctas.

22. ¿A qué Administración corresponde conforme al artículo 6 de la Ley 2/2019, de 7 de marzo, contribuir y colaborar en la erradicación de las desigualdades y las explotaciones de las mujeres en todos los ámbitos locales de intervención?

a) A todas las Administraciones Públicas.
b) A la Administración autonómica.

c) A los municipios y demás entidades locales.
d) A la Administración Central.

23. ¿A quién le corresponde la asistencia técnica especializada en materia de igualdad entre mujeres y hombres a las diferentes Consejerías, así como al resto de las Administraciones públicas de Cantabria y al resto de los poderes públicos, y a todas las personas físicas y jurídicas?

a) A la Dirección General de Inclusión Social, Familias e Igualdad.
b) Al Consejo de la Mujer.
c) Al Observatorio de Igualdad de Género.
d) A la Comisión para la Igualdad de Género.

24. La Comisión para la integración de la perspectiva de género en los Presupuestos de la Comunidad Autónoma de Cantabria se encuentra adscrita a:

a) A la Consejería de Presidencia, Interior, Justicia y Acción Exterior.
b) A la Asamblea Regional de Cantabria.
c) La Consejería de Economía, Hacienda, Financiación Autonómica y Fondos Europeos.
d) A la Presidencia de la Comunidad.

25. ¿Cuál es el órgano colegiado de participación, representación y consulta en todas aquellas materias y políticas que afecten a los derechos e intereses de las mujeres cántabras, tanto en las políticas de igualdad de género, como en las políticas públicas globales incluyendo la perspectiva de género, en el ámbito de la Comunidad Autónoma de Cantabria?

a) El Instituto Cántabro de Estadística.
b) El Consejo de la Mujer de Cantabria.
c) La Comisión para la Igualdad de Género.
d) El Observatorio de Igualdad de Género.

Solución al test n.º 3

1. c) La Ley 2/2019, de 7 de marzo.

2. c) A los municipios y demás entidades locales.

3. d) A la Consejería de Inclusión Social, Juventud, Familias e Igualdad.

4. c) La participación y representación prioritaria de mujeres en los distintos órganos de representación o de toma de decisiones.

5. c) El Observatorio de Igualdad de Género.

6. a) La Comisión para la integración de la perspectiva de género en los Presupuestos de la Comunidad Autónoma de Cantabria.

7. d) Todas las respuestas son correctas.

8. a) La Dirección General de Inclusión Social, Familias e Igualdad.

9. d) Todas las respuestas son correctas.

10. a) La actuación de los poderes públicos en el marco de sus competencias.

11. c) La Dirección General de Inclusión Social, Familias e Igualdad.

12. d) Todas las respuestas son correctas.

13. a) A la Consejería competente en materia de igualdad de género.

14. d) La Comisión para la Igualdad de Género del Gobierno de Cantabria.

15. d) Todas las respuestas son correctas.

16. a) Consejo de la Mujer.

17. c) A los municipios y demás entidades locales.

18. a) La Dirección General de Inclusión Social, Familias e Igualdad.

19. c) El Decreto 88/2018, de 25 de octubre de 2018.

20. b) Representación equilibrada de hombres y mujeres.

21. d) Todas las respuestas son correctas.

22. c) A los municipios y demás entidades locales.

23. a) A la Dirección General de Inclusión Social, Familias e Igualdad.

24. c) La Consejería de Economía, Hacienda, Financiación Autonómica y Fondos Europeos.

25. b) El Consejo de la Mujer de Cantabria.

El Real Decreto Legislativo 5/2015, de 30 de octubre, por el que se aprueba el Texto Refundido de la Ley del Estatuto Básico del Empleado Público: Título I: Objeto y ámbito de aplicación; Título II: Personal al servicio de las Administraciones Públicas; Título III: Capítulo I: (Derechos de los empleados públicos). Capítulo V: (Derecho a la jornada de trabajo, permisos y vacaciones). Capítulo VI (Deberes de los empleados públicos. Código de conducta). Título VII: Régimen disciplinario

1. El vigente texto refundido de la Ley del Estatuto Básico del Empleado Público (EBEP) fue aprobado por:

a) Real Decreto Legislativo 5/2015, de 30 de octubre.
b) Real Decreto Legislativo 2/2015, de 23 de octubre.
c) Real Decreto Legislativo 3/2015, de 23 de octubre.
d) Real Decreto Legislativo 6/2015, de 30 de octubre.

2. El EBEP contiene:

a) Aquello que es común al conjunto de los empleados públicos de todas las Administraciones Públicas.
b) Las normas legales específicas aplicables a los empleados públicos de todas las Administraciones Públicas.
c) Aquello que es común al conjunto de los funcionarios de todas las Administraciones Públicas, más las normas legales específicas aplicables al personal laboral a su servicio.
d) Aquello que es común al conjunto del personal laboral de todas las Administraciones Públicas, más las normas legales específicas aplicables al personal funcionario a su servicio.

3. Para todo el personal de las Administraciones Públicas no incluido en su ámbito de aplicación, el EBEP tendrá carácter:

a) Consultivo.
b) Voluntario.
c) Supletorio.
d) Interpretativo.

4. Según el artículo 1.3 del Texto Refundido de la Ley del Estatuto Básico del Empleado Público, uno de los fundamentos de actuación reflejados por el EBEP es:

a) La igualdad de trato entre mujeres y hombres.
b) La prevención de riesgos laborales.
c) La protección de datos de carácter personal.
d) La equiparación salarial entre Administraciones Públicas.

5. El artículo 1.3 del EBEP, refleja como un fundamento de actuación el servicio a los ciudadanos y a:

a) Los intereses generales.
b) Los derechos y libertades de los ciudadanos.
c) Las Administraciones Públicas.
d) La Ley y el Derecho.

6. Según el artículo 8 del Texto Refundido de la Ley del Estatuto Básico del Empleado Público, aprobado por el Real Decreto Legislativo 5/2015, de 30 de octubre, son empleados públicos quienes desempeñan funciones .... en las Administraciones Públicas al servicio de los intereses generales. Señala la palabra que falta en la anterior frase:

a) Directivas.
b) Exclusivas.
c) Administrativas.
d) Retribuidas.

7. Basándonos en el artículo 8 del Texto Refundido de la Ley del Estatuto Básico del Empleado Público, no es una clase de empleado público:

a) Funcionario de carrera.
b) Personal laboral.
c) Funcionario interino.
d) Funcionario eventual.

8. Es una característica de la figura del funcionario de carrera:

a) Presta sus servicios en virtud de un contrato de trabajo formalizado por escrito.
b) Realiza en exclusiva funciones expresamente calificadas como de confianza o asesoramiento especial.
c) Relación regulada por el Derecho Laboral.
d) Desempeño de servicios profesionales retribuidos de carácter permanente.

9. Podrá nombrarse personal funcionario interino por exceso o acumulación de tareas:

a) Por plazo máximo de nueve meses, dentro de un periodo de dieciocho meses.
b) Por un plazo mínimo de 3 meses y máximo de 1 año.

c) Por un plazo máximo de 3 años, ampliable hasta doce meses más por las leyes de Función Pública que se dicten en desarrollo del TR-LEBEP.

d) Por plazo máximo de doce meses, dentro de un periodo de dieciocho meses.

10. Es personal eventual el que, en virtud de nombramiento y con carácter no permanente, solo realiza funciones expresamente calificadas como de confianza o:

a) Representación política.
b) Asesoramiento especial.
c) Gran responsabilidad.
d) Dirección delegada.

11. En relación con el personal directivo, el EBEP establece que:

a) Su designación atenderá a principios de mérito y capacidad.
b) Su designación atenderá a criterios de eficacia y eficiencia.
c) La determinación de sus condiciones de empleo serán objeto de negociación colectiva.
d) Cuando el personal directivo reúna la condición de funcionario estará sometido a la relación laboral de carácter especial de alta dirección.

12. La designación de personal directivo en las Administraciones Públicas atenderá a criterios de:

a) Mérito y capacidad.
b) Publicidad y concurrencia.
c) Idoneidad.
d) Antigüedad y buen comportamiento.

13. A tenor del artículo 14 del EBEP los empleados públicos tienen derecho:

a) A la inamovilidad en la condición de funcionario de carrera.
b) A la formación continua y a la actualización permanente de sus conocimientos y capacidades profesionales, preferentemente fuera del horario laboral.
c) A la libertad de expresión, sin restricción alguna.
d) A participar en la consecución de los objetivos atribuidos a la unidad donde preste sus servicios y a ser consultado por sus superiores por las tareas a desarrollar.

14. Conforme al EBEP, los funcionarios públicos tendrán un permiso por enfermedad grave de un familiar dentro del primer grado de consanguinidad o afinidad, de:

a) Tres días naturales.
b) Tres días hábiles.
c) Cinco días naturales.
d) Cinco días hábiles.

15. En el permiso de 16 semanas del progenitor diferente de la madre biológica por nacimiento, guarda con fines de adopción, acogimiento o adopción de un hijo o hija, serán en todo caso de descanso obligatorio:

a) Las seis semanas inmediatas posteriores al hecho causante.
b) Las tres semanas inmediatas posteriores al hecho causante.
c) Los quince días inmediatos posteriores al hecho causante.
d) Las cuatro semanas inmediatas posteriores al hecho causante.

16. Señala la respuesta correcta en relación con los Empleados Públicos:

a) Podrán voluntariamente acatar la Constitución y el resto de normas que integran el ordenamiento jurídico.
b) Podrán abstenerse en aquellos asuntos en los que tengan un interés personal.
c) Su actuación perseguirá la satisfacción de los intereses del Gobierno.
d) Guardarán secreto de las materias clasificadas.

17. Según el artículo 52 del EBEP, los empleados públicos deberán velar por los intereses generales con sujeción y observancia:

a) De la Constitución y del resto del ordenamiento jurídico.
b) Del EBEP y de sus normas de desarrollo.
c) Del Derecho.
d) De los principios generales.

18. La potestad disciplinaria se ejercerá de acuerdo, entre otros, con el principio de:

a) Irretroactividad de las disposiciones sancionadoras favorables al presunto infractor.
b) Proporcionalidad aplicable a las sanciones pero no a la clasificación de las faltas.
c) Presunción de culpabilidad en el caso del personal directivo.
d) Legalidad y tipicidad de las faltas y sanciones, a través de la predeterminación normativa y, en el caso del personal laboral, de los convenios colectivos.

19. Se considera falta muy grave de los empleados públicos:

a) El incumplimiento del deber de respeto a la Constitución y a los respectivos Estatutos de Autonomía de las Comunidades Autónomas en el ejercicio de la función pública.
b) El abuso de autoridad en el desempeño de sus funciones.
c) La tolerancia por los superiores jerárquicos de la comisión de faltas muy graves del personal bajo su dependencia.
d) Las acciones u omisiones dirigidas a evadir los sistemas de control de horarios o a impedir que sean detectados los incumplimientos injustificados de la jornada de trabajo.

20. Las faltas disciplinarias muy graves prescriben:

a) Al año.
b) A los 3 años.
c) A los 5 años.
d) No prescriben mientras no se extinga la condición de personal funcionario de carrera.

21. El abandono del servicio, así como no hacerse cargo voluntariamente de las tareas o funciones que tienen encomendadas se considerará:

a) Falta leve.
b) Falta grave.
c) Falta muy grave.
d) Falta grave o muy grave.

22. Según el artículo 97 del EBEP, las sanciones impuestas por faltas leves prescribirán:

a) A los 6 meses.
b) Al año.
c) A los 2 años.
d) A los 3 años.

23. Según el artículo 98 del EBEP, el procedimiento disciplinario que se establezca en el desarrollo del Estatuto se estructurará atendiendo a los principios de eficacia, celeridad y:

a) Transparencia.
b) Presunción de inocencia.
c) Legalidad.
d) Economía procesal.

24. Las sanciones disciplinarias se ejecutarán según los términos de la resolución en que se imponga, y en el plazo máximo, salvo que, cuando por causas justificadas, se establezca otro distinto en dicha resolución, de:

a) 15 días.
b) 1 mes.
c) 3 meses.
d) 6 meses.

25. El incumplimiento de lo dispuesto en las normas sobre compatibilidad cuando ello dé lugar a una situación de incompatibilidad se considerará:

a) Falta leve.
b) Falta grave.
c) Falta muy grave.
d) Falta grave o muy grave.

Solución al test n.º 4

1. a) Real Decreto Legislativo 5/2015, de 30 de octubre.

2. c) Aquello que es común al conjunto de los funcionarios de todas las Administraciones Públicas, más las normas legales específicas aplicables al personal laboral a su servicio.

3. c) Supletorio.

4. a) La igualdad de trato entre mujeres y hombres.

5. a) Los intereses generales.

6. d) Retribuidas.

7. d) Funcionario eventual.

8. d) Desempeño de servicios profesionales retribuidos de carácter permanente.

9. a) Por plazo máximo de nueve meses, dentro de un periodo de dieciocho meses.

10. b) Asesoramiento especial.

11. a) Su designación atenderá a principios de mérito y capacidad.

12. c) Idoneidad.

13. a) A la inamovilidad en la condición de funcionario de carrera.

14. d) Cinco días hábiles.

15. a) Las seis semanas inmediatas posteriores al hecho causante.

16. d) Guardarán secreto de las materias clasificadas.

17. a) De la Constitución y del resto del ordenamiento jurídico.

18. d) Legalidad y tipicidad de las faltas y sanciones, a través de la predeterminación normativa y, en el caso del personal laboral, de los convenios colectivos.

19. a) El incumplimiento del deber de respeto a la Constitución y a los respectivos Estatutos de Autonomía de las Comunidades Autónomas en el ejercicio de la función pública.

20. b) A los 3 años.

21. c) Falta muy grave.

22. b) Al año.

23. d) Economía procesal.

24. b) 1 mes.

25. c) Falta muy grave.

TEST N.º 5

VIII Convenio Colectivo para el personal laboral al Servicio de la Administración de la Comunidad de Cantabria: Título I: Objeto y ámbito de aplicación; Título II: Organización del Trabajo; Título III: Provisión de Vacantes, Selección de Personal y Contratación; Título IV: Formación y Perfeccionamiento del personal; Título V: Clasificación Profesional; Título XIII: Salud laboral

1. Se incluye en el ámbito de aplicación del VIII Convenio Colectivo para el personal laboral al Servicio de la Administración de la Comunidad de Cantabria:

a) El personal eventual.
b) El personal laboral del Servicio Cántabro de Salud.
c) El personal de alta dirección.
d) El personal laboral de la Agencia Cántabra de Administración Tributaria.

2. ¿De cuántos miembros se compone la *Comisión de Interpretación, Estudio, Seguimiento y Aplicación* (CIESA) del VIII Convenio?

a) 8.
b) 12.
c) 14.
d) 16.

3. Los acuerdos de la CIESA deberán adoptarse:

a) Por la mayoría simple de sus miembros.
b) Por más del 50 por 100 de cada una de las dos representaciones de la Comisión.
c) Al menos por 8 de sus miembros.
d) Por la totalidad de sus miembros.

4. La *Subcomisión para la Igualdad* que velará en el ámbito del VIII Convenio por el desarrollo y cumplimiento de la legislación para la igualdad, se compone de:

a) 8 miembros.
b) 10 miembros.

c) 12 miembros.

d) Un representante de cada una de las Organizaciones Sindicales con representación en el Comité de Empresa e igual número de representantes de la Administración.

5. Señala la opción incorrecta. Con la natural adaptación que impongan las características de la actividad a realizar en los diferentes Centros y Servicios, la organización práctica del trabajo habrá de encaminarse a la consecución de diversos fines. Señala la opción incorrecta:

a) Aumento de la eficacia en la prestación de los servicios sin detrimento de la humanización del trabajo.

b) Fomento de la participación de los trabajadores.

c) Mejora de las condiciones de trabajo de los trabajadores.

d) Simplificación del trabajo y mejora de los métodos.

6. El personal afectado por el ámbito del VIII Convenio tendrá opción de .... en la Administración General de la Comunidad Autónoma de Cantabria, sus Organismos Públicos y Entidades de Derecho Público para el supuesto de transferencias a empresas privadas. Señala la palabra que falta:

a) Mejora.

b) Permanencia.

c) Excedencia.

d) Permuta.

7. ¿Qué porcentaje de las plazas objeto de Oferta de Empleo Público, reserva el VIII Convenio, en su artículo 7.2, para personas con discapacidad?

a) No inferior al 3 %.

b) No inferior al 5 %.

c) No inferior al 7 %.

d) No inferior al 10 %.

8. Según el artículo 8 del VIII Convenio, el trabajador que solicite el reingreso desde excedencia voluntaria tendrá derecho a ocupar provisionalmente puesto vacante de su misma categoría y, en su caso, especialidad cuya cobertura resulte necesaria y atendiendo a las necesidades organizativas de la Administración:

a) Por orden de presentación.

b) Por orden de antigüedad en la Administración autonómica.

c) Por orden de antigüedad de la excedencia.

d) Por orden de edad.

9. Según el VIII Convenio, el sistema normal de provisión definitiva de los puestos de trabajo es:

a) El concurso de traslados.

b) La comisión de servicios.

c) La libre designación.
d) La adscripción provisional.

10. Para la provisión de puestos de distinta categoría profesional a la que se ostenta, se utilizará el siguiente tipo de concurso:

a) Concurso de traslados.
b) Concurso de valoración.
c) Concurso de selección.
d) Concurso de méritos.

11. Según el VIII Convenio, para poder tomar parte en los concursos de traslados a puestos de la misma categoría profesional y, en su caso, especialidad los trabajadores fijos de la Administración de la Comunidad Autónoma de Cantabria deben llevar desempeñando su puesto de trabajo, por regla general, al menos:

a) 6 meses.
b) 1 año.
c) 2 años.
d) 4 años.

12. No se exigirá tal antigüedad para poder tomar parte en los concursos de traslados, cuando:

a) Se encuentre a disposición de un Director General de la Consejería.
b) Se participe desde la situación de suspensión de funciones.
c) Desempeñe puesto de trabajo en adscripción provisional.
d) No haya participado en ningún concurso de traslados en los últimos 5 años.

13. Según el VIII Convenio, podrán tomar parte en los concursos de méritos a puestos de distinta categoría profesional y, en su caso, especialidad dentro del mismo grupo y nivel, los trabajadores fijos de la Administración de la Comunidad Autónoma de Cantabria, cuando lleven desempeñando su puesto de trabajo al menos:

a) 6 meses.
b) 1 año.
c) 2 años.
d) 4 años.

14. ¿Cuántos Vocales debe tener la Comisión de Valoración de los méritos alegados por los concursantes?

a) Al menos dos.
b) Cuatro.
c) Seis.
d) Diez.

15. De los Vocales de la Comisión de Valoración, ¿cuántos lo son en representación de las Organizaciones Sindicales?

a) Uno.
b) Dos.
c) Cuatro.
d) Seis.

16. En relación a la Comisión de Valoración de los méritos alegados por los concursantes, es cierto que:

a) Los miembros de la Comisión de Valoración serán empleados públicos y deberán pertenecer, en el caso del personal laboral, a categorías de grupo de titulación igual al exigido para el ingreso en la categoría convocada.
b) La Comisión de Valoración podrá solicitar de la autoridad convocante la incorporación de expertos en calidad de asesores que actuarán con voz y voto.
c) La Comisión de Valoración nombrará personal laboral al candidato que haya obtenido mayor puntuación en cada puesto.
d) La Comisión de Valoración estará presidida por el Consejero competente en materia de administración pública o persona en quien delegue.

17. En relación a la resolución, adjudicación y publicación de los concursos, es cierto que:

a) La convocatoria no puede establecer una puntuación mínima para la adjudicación de los puestos de trabajo.
b) Los posibles empates que pudieran producirse entre dos o más solicitantes se resolverán conforme se determine en las bases generales siendo en todo caso el primer criterio la antigüedad en el último puesto desde el que se concursa.
c) En todo caso, el puesto de trabajo adjudicado será irrenunciable.
d) No es posible declarar desierta la cobertura de todos los puestos convocados.

18. Una vez hechas públicas las puntuaciones obtenidas por los participantes en un concurso de méritos a puestos de distinta categoría profesional, se les otorgará un plazo para alegaciones de:

a) 5 días hábiles.
b) 10 días hábiles.
c) 15 días hábiles.
d) 20 días hábiles.

19. A efectos de derecho a indemnización, los traslados que se deriven de la resolución de los concursos de traslados regulados en el VIII Convenio tienen la consideración de:

a) Forzosos.
b) Preceptivos.

c) Obligatorios.
d) Voluntarios.

20. Conforme al artículo 16 del VIII Convenio, las reclamaciones que se presenten contra los concursos de traslados y méritos tendrán la consideración de reclamación previa a la vía laboral y deberán presentarse en el plazo, a contar desde el día siguiente a su publicación, de:

a) 20 días naturales.
b) 20 días hábiles.
c) 30 días naturales.
d) 1 mes.

21. Conforme al VIII Convenio, el plazo de toma de posesión en el nuevo puesto adjudicado derivado de un concurso de traslados, si radica en distinta localidad y se acredita fehacientemente el cambio de residencia, será, a partir del cese en el anterior puesto, de:

a) 3 días hábiles.
b) 5 días naturales.
c) 10 días hábiles.
d) 10 días naturales.

22. Cuando se participe en un proceso de promoción interna a categoría encuadrada en nivel inmediato superior al de la categoría que se ostente, como trabajador fijo en dicha categoría, se requiere una antigüedad de, al menos:

a) 1 año.
b) 2 años.
c) 3 años.
d) 4 años.

23. Conforme al VIII Convenio, es cierto en relación al turno de promoción interna, que:

a) El personal fijo discontinuo podrá participar siempre que se encuentre prestando servicios.
b) Podrá participar el personal laboral en situación de excedencia por cuidado de familiares, sin que la superación de este proceso suponga el reingreso a la prestación efectiva del trabajo.
c) El personal laboral fijo podrá participar incluso en aquellos procesos de promoción interna a categoría profesional de nivel y grupo profesional que ya ostentan.
d) Para participar se requiere ser trabajador fijo al servicio de la Administración de la Comunidad Autónoma de Cantabria.

24. En las categorías profesionales para cuyo acceso se exijan los títulos de Graduado Escolar, Graduado en Educación Secundaria, o cualquiera de sus equivalentes académicas, siempre y cuando el puesto de trabajo no exija una cualificación profesional o académica específica, dichos títulos podrán sustituirse por la condición de contar con una antigüedad de:

a) 4 años, y un año más por cada nivel que pretenda ascender desde su actual categoría.
b) 5 años, y un año más por cada nivel que pretenda ascender desde su actual categoría.
c) 6 años.
d) 10 años.

25. En el supuesto de que entre dos o más aspirantes que hayan superado el proceso de promoción interna se produjese un empate a puntos, este empate se resolverá a favor del trabajador:

a) Que hubiera adquirido en primer lugar la condición de trabajador laboral fijo en la categoría desde la que se promociona.
b) De más edad, computada en años, meses y días.
c) Con más cargas familiares.
d) Con más años de antigüedad al servicio de la Administración de la Comunidad Autónoma.

26. El plazo de toma de posesión a contar desde el día siguiente al de la publicación oficial de la Resolución del proceso de promoción interna, será de:

a) 3 días hábiles.
b) 5 días naturales.
c) 10 días hábiles.
d) 10 días naturales.

27. El periodo de prueba, cuando proceda, tras la superación de un proceso de promoción interna para técnicos titulados, será de:

a) 1 mes.
b) 2 meses.
c) 3 meses.
d) 6 meses.

28. Los Tribunales de Selección que han de juzgar las pruebas selectivas de ingreso de personal laboral fijo contarán con un presidente, un secretario y:

a) 3 vocales.
b) 5 vocales.
c) 7 vocales.
d) 9 vocales.

29. ¿Puede ponerse fin a la relación laboral de personal laboral fijo durante el período de prueba?

a) No, en ningún caso.
b) Sí, tanto por parte de la Administración como del trabajador, previo aviso.
c) Sí, tanto por parte de la Administración como del trabajador, sin previo aviso y sin derecho a indemnización.
d) Sí, pero únicamente por parte del trabajador.

30. Señala la opción incorrecta. Según el VIII Convenio, los puestos de trabajo podrán proveerse por medio de adscripción provisional en los siguientes supuestos:

a) Remoción o cese en un puesto de trabajo.
b) Supresión del puesto de trabajo.
c) No superación del período de prueba en un proceso de promoción interna.
d) Reingreso al servicio.

31. Obtenido un puesto de trabajo mediante permuta voluntaria de los trabajadores, para la solicitud de una nueva permuta deberán transcurrir desde la fecha de concesión de la primera:

a) 3 años.
b) 4 años.
c) 5 años.
d) 10 años.

32. La edad máxima para poder solicitar permuta con otro trabajador laboral fijo es:

a) 55 años.
b) 57 años.
c) 60 años.
d) 63 años.

33. Conforme al artículo 29 del VIII Convenio, a qué órgano corresponde autorizar el cambio de puesto de trabajo mediante permuta voluntaria de los trabajadores:

a) Al Gobierno de Cantabria.
b) Al Consejero de Presidencia, Justicia, Seguridad y Simplificación Administrativa.
c) Al Consejero, o Consejeros, de la/s correspondiente/s Consejería/s.
d) Al Secretario o Secretarios Generales afectados.

34. Tendrá la consideración de formación voluntaria para la promoción profesional:

a) La materia de seguridad y salud laboral.
b) Los cursos de adaptación para las personas que hayan sido trasladadas por discapacidad.

c) La formación para el desarrollo personal.

d) La dirigida a adaptar a los trabajadores a las modificaciones técnicas operadas en los puestos de trabajo y los cursos de reconversión profesional.

35. En relación al tiempo para la formación del personal laboral fijo bajo el VIII Convenio, es cierto que:

a) El tiempo destinado a la asistencia a los cursos de formación obligatoria que no se realice durante la jornada de trabajo se compensará con tiempo de descanso equivalente al número de horas de formación.

b) El tiempo destinado a la asistencia a los cursos de formación obligatoria, se realizará obligatoriamente dentro de la jornada de trabajo.

c) El tiempo de asistencia destinado a realizar actividades formativas calificadas de formación voluntaria para el desarrollo profesional y formación voluntaria para el desarrollo personal, computará como trabajo efectivo.

d) En ningún caso el tiempo de formación podrá realizarse dentro de la jornada de trabajo.

36. El artículo 38 del VIII Convenio contempla un permiso para concurrir a exámenes dirigidos a la obtención de título académico o profesional, reconocido oficialmente, de:

a) El tiempo necesario para acudir y celebrar el examen.

b) El día de su celebración.

c) Dos días.

d) Tres días.

37. Conforme al VIII Convenio, dentro de cada grupo profesional se delimitarán:

a) Áreas profesionales.

b) Subgrupos profesionales.

c) Cuerpos profesionales.

d) Niveles de clasificación.

38. ¿A qué Grupo profesional pertenecen los trabajadores de categorías cuyo desempeño con un alto grado de especialización requiera estar en posesión del Título de Formación Profesional de grado superior?

a) Grupo I.

b) Grupo II.

c) Grupo III.

d) Grupo IV.

39. ¿Qué nivel de clasificación está incluido dentro del Grupo Profesional III?

a) Nivel 1.

b) Nivel 3.

c) Nivel 5.
d) Nivel 7.

40. ¿En qué Grupo Profesional se encuadra el nivel de clasificación 2?

a) Grupo I.
b) Grupo II.
c) Grupo III.
d) Grupo IV.

41. Según el VIII Reglamento, pertenecen a este grupo profesional los trabajadores de categorías cuyas funciones no exijan personal especialmente cualificado para su desempeño sin que requieran conocimientos de ningún oficio a nivel de formación profesional o similar y, cuyos contenidos funcionales se limiten al desarrollo de tareas homogéneas y estandarizadas no excesivamente complejas cuyo proceso de aprendizaje y desarrollo se realice a través de un proceso formativo simple:

a) Grupo I.
b) Grupo II.
c) Grupo III.
d) Grupo V.

42. No corresponde al trabajador:

a) Velar por obtener la información en materia de prevención de riesgos, especialmente cuando cambie de puesto de trabajo.
b) Velar por el cumplimiento de las medidas de prevención que en cada caso sean adoptadas.
c) Velar por su propia seguridad y salud en el trabajo.
d) Velar por la seguridad y salud de aquellos otros a los que pueda afectar su actividad profesional de conformidad con las instrucciones impartidas y la formación recibida.

43. ¿De qué órgano depende el Servicio Central de Prevención de Riesgos Laborales?

a) De la Dirección General de Servicios Generales.
b) Dirección General de Trabajo.
c) De la Dirección General de Función Pública.
d) De la Dirección General de Salud Pública.

44. Son los representantes de los trabajadores con funciones específicas en materia de prevención de riesgos laborales:

a) Los directores de prevención.
b) Los operarios de prevención.
c) Los delegados de prevención.
d) Los comisionados de prevención.

45. ¿Cuáles son los órganos paritarios y colegiados de participación, destinados a la consulta regular de las actuaciones de la Administración de la Comunidad Autónoma de Cantabria en materia de prevención de riesgos laborales en su ámbito?

a) Los Comités de Empresa.
b) Los Servicios de Prevención.
c) Los Delegados de Prevención.
d) Los Comités de Seguridad y Salud.

46. Los equipos de protección individual deberán utilizarse:

a) En todo momento.
b) Aun cuando los riesgos se puedan evitar o limitar suficientemente por medios técnicos de protección colectiva.
c) Aun cuando los riesgos se puedan evitar o limitar suficientemente mediante medidas, métodos o procedimientos de organización del trabajo.
d) Cuando los riesgos no se puedan evitar o limitar suficientemente por medios técnicos de protección colectiva o mediante medidas, métodos o procedimientos de organización del trabajo.

47. Dentro del plan de vigilancia de salud que se establezca, los trabajadores tendrán derecho a reconocimientos médicos periódicos de carácter:

a) General y voluntario.
b) Específico y obligatorio.
c) General y obligatorio.
d) Específico y voluntario.

48. Mientras un trabajador se encuentre desempeñando su puesto de trabajo con las adaptaciones que precise a resulta de sus condiciones de salud y de trabajo lo hará a título:

a) Individual.
b) Independiente.
c) Colectivo.
d) Privado.

49. En caso de declaración de una incapacidad permanente total, el trabajador podrá optar entre solicitar la movilidad por motivos de salud o solicitar la indemnización cuando la declaración de incapacidad permanente total derive de una patología que traiga causa directa con el trabajo que desempeñaba para la Administración de la Comunidad Autónoma de Cantabria, en el plazo máximo desde la fecha de resolución por la que se declara la incapacidad permanente total, de:

a) 15 días.
b) 20 días.

c) 1 mes.
d) 3 meses.

50. El procedimiento de movilidad por motivos de salud podrá ser suspendido a instancias del trabajador o cuando se aprecien razones debidamente motivadas que lo justifiquen, por un plazo máximo de:

a) 6 meses.
b) 1 año.
c) 2 años.
d) 3 años.

Solución al test n.º 5

1. d) El personal laboral de entidades de la Agencia Cántabra de Administración Tributaria.

2. d) 16.

3. b) Por más del 50 por 100 de cada una de las dos representaciones de la Comisión.

4. d) Un representante de cada una de las Organizaciones Sindicales con representación en el Comité de Empresa e igual número de representantes de la Administración.

5. c) Mejora de las condiciones de trabajo de los trabajadores.

6. b) Permanencia.

7. b) No inferior al 5 %.

8. a) Por orden de presentación.

9. a) El concurso de traslados.

10. d) Concurso de méritos.

11. a) 6 meses.

12. c) Desempeñe puesto de trabajo en adscripción provisional.

13. b) 1 año.

14. c) Seis.

15. b) Dos.

16. d) La Comisión de Valoración estará presidida por el Consejero competente en materia de administración pública o persona en quien delegue.

17. b) Los posibles empates que pudieran producirse entre dos o más solicitantes se resolverán conforme se determine en las bases generales siendo en todo caso el primer criterio la antigüedad en el último puesto desde el que se concursa.

18. b) 10 días hábiles.

19. d) Voluntarios.

20. d) 1 mes.

21. c) 10 días hábiles.

22. b) 2 años.

23. d) Para participar se requiere ser trabajador fijo al servicio de la Administración de la Comunidad Autónoma de Cantabria.

24. a) 4 años, y un año más por cada nivel que pretenda ascender desde su actual categoría.

25. a) Que hubiera adquirido en primer lugar la condición de trabajador laboral fijo en la categoría desde la que se promociona.

26. a) 3 días hábiles.

27. d) 6 meses.

28. b) 5 vocales.

29. c) Sí, tanto por parte de la Administración como del trabajador, sin previo aviso y sin derecho a indemnización.

30. c) No superación del período de prueba en un proceso de promoción interna.

31. d) 10 años.

32. b) 57 años.

33. b) Al Consejero de Presidencia, Justicia, Seguridad y Simplificación Administrativa.

34. c) La formación para el desarrollo personal.

35. a) El tiempo destinado a la asistencia a los cursos de formación obligatoria que no se realice durante la jornada de trabajo se compensará con tiempo de descanso equivalente al número de horas de formación.

36. b) El día de su celebración.

37. d) Niveles de clasificación.

38. a) Grupo I.

39. a) Nivel 1.

40. b) Grupo II.

41. c) Grupo III.

42. a) Velar por obtener la información en materia de prevención de riesgos, especialmente cuando cambie de puesto de trabajo.

43. c) De la Dirección General de Función Pública.

44. c) Los delegados de prevención.

45. d) Los Comités de Seguridad y Salud.

46. d) Cuando los riesgos no se puedan evitar o limitar suficientemente por medios técnicos de protección colectiva o mediante medidas, métodos o procedimientos de organización del trabajo.

47. a) General y voluntario.

48. a) Individual.

49. c) 1 mes.

50. c) 2 años.

MATERIAS ESPECÍFICAS

Limpieza general de dependencias, talleres e instalaciones. Prioridad y orden en la limpieza. Sistemas de limpieza. Tipos de barrido y fregado. Limpieza de paredes, ventanas, techos y suelos; clasificación de los suelos. Limpieza de mobiliario; cuidados especiales en los aparatos ofimáticos. Instrumentos de limpieza. Productos de limpieza y desinfección. Composición e información sobre sus componentes. Significado de los símbolos utilizados en las etiquetas de los productos. Identificación de los peligros. Manejo, conservación y almacenamiento de los productos de limpieza. Dosificación. Limpieza de manchas en suelos y mobiliario

1. ¿Cuál es el objetivo de la limpieza?

a) La eliminación química de las manchas con pulido de las superficies.
b) La eliminación física de materia orgánica y de la contaminación de los objetos.
c) La descontaminación de las superficies.
d) La desinfección de los materiales.

2. ¿Qué factores componen la teoría de Sinner?

a) Acción mecánica y acción física.
b) Acción química.
c) Tiempo y temperatura.
d) Acción mecánica, acción química, tiempo y temperatura.

3. ¿A qué se refiere la acción mecánica?

a) Medio por el que se efectúa la limpieza; puede ser manual o mecánica.
b) Tiene que ver con el producto a utilizar y la cantidad del mismo a utilizar según su concentración.
c) Duración de la acción de lavado, es decir, tiempo de contacto de la solución limpiadora con la superficie a limpiar.
d) A cuántos grados se ha de realizar la limpieza de la superficie o a cuántos grados estará el agua con el producto.

4. ¿Cuáles de estos términos referentes a la limpieza son equivalentes?

a) Normal – rutinaria.
b) General – a fondo.
c) Concreta – terminal.
d) Todas las respuestas son correctas.

5. ¿Qué es la limpieza terminal?

a) La que se realiza en profundidad, en la que además de la limpieza normal también se limpian las paredes, techos y se moviliza el mobiliario.
b) La que se realiza en situaciones excepcionales o cuando finaliza un proceso.
c) Aquella que se realiza aplicando las técnicas básicas de limpieza.
d) Ninguna respuesta es correcta.

6. El conjunto de acciones emprendidas con el fin de eliminar los microorganismos patógenos presentes en un medio, o inhibir su proliferación, ¿cómo se denomina?

a) Asepsia.
b) Antisepsia.
c) Desinfección.
d) Esterilización.

7. ¿Qué son los reforzantes?

a) Productos utilizados para lograr el tipo de presentación y concentración deseadas de un detergente o un limpiador.
b) Componentes complementarios de un detergente o de un limpiador, que aportan propiedades particulares a las de los componentes fundamentales en la acción específica de la limpieza.
c) Componentes complementarios de un detergente o de un limpiador que aportan propiedades adicionales a la acción específica de la limpieza.
d) Componentes complementarios que mejoran ciertas propiedades características de los componentes fundamentales.

8. ¿Cuál es la parte activa del detergente?

a) Tensioactivo.
b) Coadyuvante.
c) Cloro.
d) Aditivo.

9. ¿Cómo se denomina el detergente en el que el grupo liposoluble está formado por un ácido orgánico?

a) Aniónico.
b) Catiónico.

c) Anfotérico.

d) Ácido.

10. ¿Qué es la detergencia?

a) La capacidad de disolver la suciedad gracias a la producción y unión de tres fenómenos físicos: poder humectante, dispersión y suspensión.

b) El proceso capaz de eliminar prácticamente todos los microorganismos patógenos conocidos.

c) Conjunto de acciones emprendidas con el fin de eliminar los microorganismos patógenos.

d) Es todo compuesto químico que disuelto en un líquido se absorbe preferentemente en una interfase.

11. ¿Qué es un coadyuvante?

a) Se llama así a la materia orgánica y/o inorgánica potencialmente portadora de microorganismos.

b) Es un componente complementario de un detergente o de un limpiador, que aporta propiedades particulares a las de los componentes fundamentales en la acción específica de la limpieza.

c) Son los productos utilizados para lograr el tipo de presentación y concentración deseadas de un detergente o un limpiador.

d) Todas son correctas.

12. ¿Qué son las zonas nobles de una residencia?

a) Son todas las áreas destinadas al uso exclusivo de los usuarios del centro.

b) Son todas las áreas de uso exclusivo para el personal, se consideran zonas de servicio.

c) Son todas las zonas de jardín y exterior del centro.

d) Ninguna de las respuestas es correcta.

13. ¿Qué es cierto sobre la esterilización?

a) Supone la reducción del volumen de los gérmenes en una proporción de 10 a 5.

b) Supone la reducción de gérmenes en una proporción de 10 a 2.

c) Supone la total eliminación de la vida microbiana.

d) Ninguna respuesta es correcta.

14. ¿Con qué producto es incompatible el amoniaco?

a) Alcohol.

b) Cloro.

c) Limón.

d) Todas son compatibles.

15. ¿Cuál es el principio activo de la lejía?

a) Sodio.
b) Cloro.
c) Antiséptico.
d) Todos los anteriores.

16. ¿Con qué productos es incompatible la lejía?

a) Aldehídos.
b) Fenoles.
c) Ácido acético (vinagre).
d) Todas las respuestas son correctas.

17. En relación con el barrido con mopa gasa, no es correcto que:

a) El barrido será en zigzag.
b) Deberá ir antecedido por el método húmedo más adecuado en cada caso.
c) Se evitará repasar por una zona ya limpiada.
d) Se usa para una primera eliminación de la suciedad no adherida al suelo.

18. En la técnica de fregado con doble cubo se suele utilizar:

a) Cubo rojo (cubo de sucio) y cubo azul (cubo de limpio).
b) Cubo rojo (cubo de sucio) y cubo amarillo (cubo de limpio).
c) Cubo azul (cubo de sucio) y cubo amarillo (cubo de limpio).
d) Cubo azul (cubo de sucio) y cubo rojo (cubo de limpio).

19. En el sistema de rasante o de mopa, el cubo utilizado acoge aproximadamente:

a) 3 litros de agua.
b) 5 litros de agua.
c) 10 litros de agua.
d) 16 litros de agua.

20. No es característico del carro de limpieza para el sistema de doble cubo:

a) Tendrá una bandeja con capacidad para dos cubetas de distinto color de 3-5 litros, y barra para transportarlo.
b) Superficies lisas y lavables, con dos únicos planos a diferentes alturas.
c) Con ruedas giratorias y sistema de frenado.
d) Dos cubos pequeños de diferente color para la limpieza de superficies diferentes al suelo, y para limpiar los paños después de cada habitación.

21. ¿Qué es cierto sobre las bayetas de tela sin tejer?

a) Sirven para limpiar y secar las superficies.
b) Necesita ser humedecida con agua o solución de detergente neutro.
c) De un solo uso impregnadas de fábrica con algún producto específico.
d) Consideradas multiusos y que, una vez humedecidas, poseen gran capacidad de absorción.

22. ¿Cuál es una mopa impregnada?

a) Mopa de microfibra.
b) Mopa de fliselina.
c) Mopa de flecos.
d) Fregona.

23. ¿Cómo se vacía la aspiradora de agua?

a) Por el giro basculante del recipiente contenedor de líquido sobre los soportes del bastidor del carro.
b) Por conexión de manguera a boquilla inferior de salida a través de válvula de cierre en fondo de contenedor.
c) Por extracción del contenedor del soporte y vaciado independiente.
d) Cualquiera de las posibilidades anteriores es correcta.

24. ¿Para qué uso está diseñada la fregadora automática?

a) Espacios reducidos.
b) Exteriores.
c) Pasillos.
d) Habitaciones.

25. ¿Cómo serán los dos cubos del carro para sistema de doble cubo?

a) Del mismo color.
b) De entre 3-5 litros.
c) De distinto color.
d) De distinta forma.

26. ¿Cuál de los siguientes no es un método húmedo?

a) Fregado con un solo cubo.
b) Sistema rasante.
c) Mopa gasa.
d) Barrido húmedo.

27. ¿Dónde se coloca la prensa para el método de fregado por doble cubo?

a) Sobre el cubo azul.
b) Sobre el cubo rojo.
c) Sobre una cubeta.
d) Dentro de uno de los cubos.

28. ¿Cómo limpiaría una superficie de madera con poros?

a) Realizar en primer lugar la limpieza con jabón y detergente en la superficie a ser desinfectada, con la ayuda de la mopa. Enjuagar y secar.
b) Mopa con paño humedecido en agua. Cada mes, encerar con cera adecuada para suelos mediante máquina.
c) Quitar el polvo previamente con una bayeta humedecida en agua y casi seca. A continuación un preparado a base de cera.
d) Limpiar en seco.

29. ¿Qué producto se debe utilizar para las superficies de mampostería?

a) Ácido.
b) Alcalino.
c) Neutro.
d) Puede ser alcalino o neutro.

30. La cristalización:

a) Es el tratamiento idóneo para piedras porosas y calcáreas.
b) Se aplica con fregona industrial.
c) Se aplica con máquina de chorro de arena.
d) Son correctas las respuestas a) y c).

31. ¿Con que tipo de mopa se aplicará las emulsiones?

a) La mopa deberá ser de algodón usado.
b) Con los flecos abiertos.
c) Con mopa de fibra metálica.
d) Las opciones a) y b) son correctas.

32. Las emulsiones:

a) Se deben aplicar en capas finas.
b) Hay que aplicar al menos dos capas.
c) Se puede pasar por ellas máquina de alta velocidad.
d) Todas son correctas.

33. Para cristalizar:

a) Utilizaremos productos que contengan fluosilicatos.
b) Sólo aplicaremos fluosilicatos con ceras.
c) Se cristaliza con decapantes.
d) Ninguna es correcta.

34. La primera capa de aplicación de emulsiones de suelos:

a) Se apartará medio palmo del zócalo.
b) Se apartará un palmo del zócalo.
c) Se apartará un palmo y medio del zócalo.
d) Cubrirá toda la superficie del suelo.

35. Los suelos de linóleo:

a) Son suelos duros.
b) Son suelos sensibles a los productos alcalinos.
c) Son suelos porosos.
d) Son correctas las respuestas b) y c).

36. El granito:

a) Es un suelo duro.
b) No es poroso.
c) No cristaliza.
d) Todas son correctas.

37. Los suelos de goma:

a) Se pueden tratar con emulsiones.
b) Son suelos blandos.
c) Su mejor mantenimiento es con máquinas de alta velocidad (método spray).
d) Todas son correctas.

38. La madera y el corcho:

a) Se deberán fregar a diario con agua y detergente neutro.
b) Lo que más les daña es el agua.
c) Se deberán cristalizar.
d) Son suelos no porosos.

39. Las alfombras y textiles:

a) Son suelos porosos en tres dimensiones.
b) Lo que más les daña es el polvo.
c) Se deben aspirar a diario.
d) Todas son correctas.

40. El sistema de limpieza de suelos que simplifica su mantenimiento y que es el más económico se denomina:

a) Abrillantado.
b) Spray.
c) Encerado.
d) Cristalizado.

41. ¿Que determina el grado de agresividad de un disco abrasivo?

a) Su color.
b) Su densidad.
c) Su tamaño.
d) Ninguna de las respuestas anteriores es correcta.

42. Los discos abrasivos tienen la misión de:

a) Extender el producto.
b) Ayudar a la acción química del producto mediante una acción mecánica.
c) Recuperar la suciedad disuelta y abrillantar.
d) Todas las respuestas son correctas.

43. Para la aplicación del Método Spray se debe utilizar:

a) Detergente.
b) Solvente.
c) Cera.
d) Todo ello, emulsionado con agua.

44. ¿Qué tratamiento será más recomendable dar en un suelo de mármol viejo, sin brillo y con arañazos?

a) Primero cristalizado y después encerado.
b) Primero encerado y después diamantado.
c) Primero diamantado y después cristalizado.
d) Primero diamantado y después acuchillado.

45. ¿Cuáles son las clásicas bayetas de un solo uso impregnadas de fábrica con algún producto específico?

a) Bayetas de tela sin tejer.
b) Bayetas de un solo uso.
c) Bayetas de celulosa.
d) Bayetas preimpregnadas.

46. ¿Cuál es la bayeta ecológica?

a) Es aquella que se considera multiusos y que, una vez humedecida, posee gran capacidad de absorción.
b) Necesita ser humedecida con agua o solución de detergente neutro.
c) Sirve para limpiar y secar las superficies y para su mantenimiento es necesario lavarla con detergente neutro y aclarado abundantemente, lavándose a mano o a máquina y luego dejándola secar.
d) No necesita ningún líquido específico para limpiar, ya que viene preparada de tal forma que solo hace falta mojarla en agua para conseguir buenos resultados.

47. ¿Qué afirmación es incorrecta de las gamuzas?

a) Se emplea entre otros para limpiar cristales.
b) Se usan entre otros para limpiar espejos.
c) Son de tela sin tejer.
d) Debe utilizarse seca (nunca humedecida).

48. ¿De qué color será el paño que se utilizará para limpiar todo objeto o superficie que no sean ni sanitarios ni retrete?

a) Amarillo.
b) Rojo.
c) Verde.
d) Azul.

49. Los paños de color rojo generalmente se utilizarán para limpiar:

a) Sanitarios que no sean retretes.
b) Retretes.
c) Mobiliario de madera.
d) Mobiliario de metal.

50. La nueva metodología de limpieza sustituye la tradicional fregona por:

a) La gamuza.
b) La mopa de microfibras.
c) La mopa impregnada.
d) La bayeta ecológica.

51. ¿Qué afirmación es incorrecta de la mopa de microfibras?

a) La limpieza con microfibras requiere de mayor cantidad de productos químicos y de agua.
b) La limpieza con microfibras aporta beneficios ergonómicos.
c) La limpieza con microfibras disminuye el tiempo de ejecución de las tareas.
d) La limpieza con mopa de microfibras se puede emplear tanto en seco como en húmedo.

52. La mopa impregnada es una mopa de fliselina impregnada con:

a) Cera.
b) Vaselina.
c) Parafina.
d) Desinfectante.

53. La tela conocida como no-tejido Spunbond es la tela de:

a) Fliselina.
b) Parafina.
c) Cera.
d) Tejido vegetal de nea.

54. La tela de fliselina posee una composición de:

a) Carbono.
b) Poliamida.
c) Polipropileno.
d) Policarbonato.

55. ¿Qué característica no posee la fliselina?

a) Posee estabilidad dimensional y de color.
b) Producto de alta resistencia mecánica y química.
c) Genera pelusa e hilachas libres en condiciones normales de uso.
d) Resistente a la abrasión.

56. ¿A qué temperatura funde la fliselina?

a) Funde a los 70 ºC.
b) Funde a los 90 ºC.
c) Funde a los 110 ºC.
d) Funde a los 130 ºC.

57. ¿A qué se denomina la porción de esparto o de material de plástico, alambre, nilón (almohadilla), etc., que sirve para fregar?

a) A la fregona.
b) A la mopa.
c) Al estropajo.
d) A la gamuza.

58. El estropajo sirve para la limpieza manual de:

a) De útiles de cocina.
b) De vajilla.
c) De suelos y sanitarios.
d) De todo lo anterior.

59. La fregona es una herramienta para limpiar generalmente de forma húmeda:

a) Los techos.
b) El suelo.
c) Las paredes.
d) El mobiliario.

60. ¿Qué fregona suele tener un escurridor con un sistema de palanca?

a) La fregona de microfibras.
b) La fregona viscosa.
c) La fregona de esponja.
d) La fregona de polipropileno.

61. ¿Qué característica innovadora da importancia al carro mopa especial?

a) El sistema limpiador de agua y su diseño ergonómico.
b) El sistema de agarre de barras paralelas y su diseño ergonómico.
c) La ausencia de cubo o cubeta y su nuevo sistema limpiador de agua.
d) La ausencia de cubo o cubeta y el sistema de agarre de barras paralelas.

62. Es una bayeta que necesita ser humedecida con agua o solución de detergente neutro:

a) Bayeta multiuso.
b) Bayeta preimpregnada.
c) Bayeta de tela sin tejer.
d) Bayeta de celulosa.

63. Los paños de color amarillo se utilizan generalmente para limpiar:

a) Retretes.
b) Sanitarios que no sean retretes.
c) Objetos o superficies que no sean ni sanitarios ni retretes.
d) Ninguna respuesta es correcta.

64. Es una bayeta que una vez humedecida posee gran poder de absorción:

a) Bayeta ecológica.
b) Bayeta preimpregnada.
c) Bayeta de tela sin tejer.
d) Bayeta de celulosa.

65. ¿Cómo debemos utilizar la gamuza sintética?

a) En seco.
b) Humedecida.
c) Ninguna es correcta.
d) Ambas formas son correctas.

66. ¿Hasta cuanto tiempo nos reduce el tiempo de fregado respecto de una fregona tradicional si usamos una mopa de microfibra?

a) hasta el 6 %.
b) Hasta el 33 %.
c) Hasta el 66 %.
d) Hasta el 50 %.

67. ¿A qué temperatura empieza a contraerse la fliselina?

a) 110 ºC.
b) 70 ºC.
c) 90 ºC.
d) 130 ºC.

68. ¿Qué sistema del secado de mopa evita lesiones musculares y de articulaciones en el usuario?

a) Cubos más altos.
b) Ruedas en el carro de limpieza profesional.
c) Prensa automática.
d) Mango de transporte.

69. ¿Qué aspecto es incorrecto de las protecciones que deben poseer las máquinas de limpieza?

a) Protección contra humedad y polvo clase IP 40.
b) Protección contra sobrecalentamiento.
c) Protección eléctrica clase V, con doble aislamiento.
d) Nivel sonoro inferior a los límites establecidos por la normativa para los tipos de actividad que se desarrollen en las áreas de utilización.

70. ¿Qué campo de aplicación posee la fregadora-abrillantadora-rotativa?

a) Superficies no amuebladas de mediana y gran dimensión.
b) Superficies amuebladas de pequeña y mediana dimensión.
c) Superficies no amuebladas de pequeña y mediana dimensión.
d) Superficies amuebladas de mediana y gran dimensión.

71. ¿Para qué sirve el disco o cepillo de la imagen empleado en la fregadora-abrillantadora-rotativa?

a) Sirve para limpieza general.
b) Sirve para fregar.
c) Sirve para abrillantar.
d) Sirve para encerar.

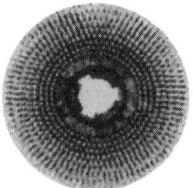

72. ¿Cuál es el procedimiento de vaciado de las aspiradoras de polvo?

a) Mediante el giro basculante del recipiente contenedor y por retirada de la bolsa.
b) Mediante el giro basculante del recipiente contenedor y el vaciado en bolsa de basura del depósito contenedor.
c) Por conexión de manguera a boquilla inferior de salida a través de válvula de cierre en fondo de contenedor y mediante la retirada de la bolsa.
d) Por retirada de la bolsa y mediante el vaciado en bolsa de basura del depósito contenedor.

73. Las fregadoras automáticas de batería tienen un peso aproximado de... y se transportan obligatoriamente en:

a) 100- 250 kg y solo se pueden transportar con ascensor.
b) 200- 450 kg y solo se pueden transportar con ascensor.
c) 100- 250 kg y solo se pueden transportar con carrito mediante empuje manual.
d) 200- 450 kg y solo se pueden transportar con carrito mediante empuje manual.

74. Respecto al carro de limpieza para el sistema de doble cubo indica la respuesta incorrecta:

a) Deberá ser ágil.
b) Con ruedas giratorias
c) Con sistema de frenado.
d) Todas son correctas.

75. ¿Cada cuanto tiempo aproximadamente se decapan y enceran los pisos elásticos?

a) Cada mes.
b) Cada tres meses.
c) Cada seis meses.
d) Una vez al año.

76. ¿De que color son normalmente los cubos pequeños para la limpieza de superficies diferentes al suelo y limpiar los paños después de cada habitación?

a) Rojo y verde.
b) Azul y rojo.
c) Amarillo y azul.
d) Verde y amarillo.

77. Para limpiar las pantallas de los ordenadores:

a) Deberán estar apagados y desconectados.
b) Deberán emplearse productos antiestáticos.
c) La humedad puede provocar problemas.
d) Todas son correctas.

78. En la limpieza de equipos de oficina (ordenadores personales, fotocopiadoras, etc.), ¿debe limpiarse su interior por parte del personal de servicios?

a) Sí, pero deben desconectarse de la red eléctrica primero.
b) No, ya que de esa tarea se ocupan los correspondientes profesionales.
c) Sí, pero no de forma diaria sino semestral.
d) No, salvo en el caso de los contenedores de tóner de las fotocopiadoras.

79. ¿Cómo debe limpiarse una carcasa de ordenador?

a) Con una esponja humedecida en alcohol.
b) Con bayeta de tela sin tejer impregnada de solución de detergente multiusos.
c) Con un trapo suave ligeramente humedecido en agua.
d) Con un trapo impregnado de un producto antigrasa.

80. ¿Cómo se limpian los teléfonos?

a) Sólo con agua.
b) Con un paño humedecido en solución de detergente neutro.
c) Cuando esté muy sucio, con un cepillo muy suave, impregnado de petróleo.
d) Con paño seco y quitapolvo.

81. Las ranuras del teclado se limpian:

a) Con papel de celulosa.
b) Con una bayeta humedecida en alcohol.
c) Con una esponja impregnada en una solución de agua con alcohol.
d) Se realizará sacudiendo suavemente los teclados.

82. La limpieza diaria del fax se realiza con:

a) Un paño empapado en agua.
b) Con una bayeta de tela sin tejer humedecida en solución de detergente neutro.
c) Una bayeta mojada en agua con detergente.
d) Todas las respuestas anteriores son correctas.

83. El cristal de la fotocopiadora debe ser limpiado con:

a) Limpiacristales.
b) Agua.
c) Alcohol y detergente.
d) Ninguna de las respuestas anteriores es correcta.

84. La limpieza exterior de una fotocopiadora se realiza con:

a) Un plumero.
b) Una esponja impregnada en detergente.
c) Una bayeta húmeda.
d) Un paño seco.

85. Los equipos informáticos deben limpiarse con:

a) Agua.
b) Productos antiestáticos.
c) Lejía.
d) Todas las respuestas anteriores son correctas.

86. La limpieza del interior de la máquina fotocopiadora:

a) Consistirá en retirar el polvo y quitarle cualquier resto de suciedad utilizando una bayeta húmeda.
b) Se realizará limpiando con un paño o bayeta secos.

c) Se utilizarán cepillos especialmente diseñados para ello y un producto capta-polvo.

d) Ninguna es correcta: esta limpieza será realizada por los profesionales del área.

87. Los ordenadores suelen atraer el polvo porque:

a) Suelen cargarse de energía estática.

b) Están fabricados de materiales que atraen el polvo.

c) Tienen imanes interiores, que atraen el polvo que tenga contenido mineral.

d) Ninguna es correcta: los ordenadores no atraen el polvo más que otros elementos de la oficina.

88. ¿El símbolo que contiene un pictograma de peligro en su interior será de color?

a) Blanco.

b) Negro.

c) Rojo.

d) Cambiará según el color del fondo.

89. Las manchas de óxido podrán eliminarse

a) Limpiando bien la superficie con un paño humedecido con una solución de citrato sódico al 10 %.

b) Limpiando bien la superficie con un paño seco y spray anti óxido.

c) Limpiando bien la superficie con un paño humedecido con una solución de hipo-clorito sódico al 10 % u otro derivado clorado.

d) Limpiando bien la superficie con un paño humedecido con una solución de vinagre.

90. ¿Cuál de los siguientes componentes no forma parte de un detergente?

a) Tensioactivos.

b) Coadyuvantes.

c) Pavimentadores.

d) Aditivos.

91. ¿Qué es la lejía?

a) Un desinfectante, derivado del cloro.

b) Un aldehído.

c) Un esterilizante.

d) Un antiséptico.

92. ¿Qué función tienen los auxiliares de presentación en los detergentes?

a) Disminuir la tensión superficial del agua.

b) Aumentar la alcalinidad.

c) Aportar perfume y suavidad.

d) Determinar el aspecto del producto acabado.

93. ¿Qué propiedades debe tener un detergente?

a) Poder humectante.
b) Poder dispersante.
c) Poder de suspensión.
d) Todas.

94. ¿Qué combinación no es posible en la composición de un detergente?

a) Tensioactivos aniónicos con tensioactivos no iónicos.
b) Tensioactivos catiónicos con tensioactivos anfotéricos.
c) Tensioactivos no iónicos con coadyuvantes.
d) Tensioactivos aniónicos con tensioactivos catiónicos.

95. ¿Qué ventajas tienen los amonios cuaternarios como desinfectantes?

a) Forman espumas.
b) Su acción es de larga duración.
c) Es insensible a la materia orgánica.
d) Es eficaz contra todo tipo de microorganismos.

96. ¿Cómo influye el uso de productos eficaces en la limpieza?

a) Aumentando la acción mecánica.
b) Mejorando la acción química.
c) Aumentando el tiempo.
d) Disminuyendo la temperatura.

97. ¿Qué tipo de producto se debe usar para eliminar una mancha de grasa?

a) Ácido.
b) Neutro.
c) Alcalino.
d) Ninguna respuesta es correcta.

98. ¿Cuál de estos tensioactivos no tiene carga es solución acuosa?

a) Aniónicos.
b) Catiónicos.
c) No iónicos.
d) a y b son correctas.

99. ¿Qué características tiene la lejía como desinfectante?

a) Es corrosiva para algunos metales.
b) Es inestable.

c) Puede liberar gases asfixiantes en contacto con algunos productos.
d) Todas las respuestas son correctas.

100. ¿Qué tipo de detergente se usaría para eliminar la suciedad mineral, es decir, sarro, cemento, óxido o similar?

a) Detergentes alcalinos o básicos.
b) Detergentes ácidos.
c) Detergentes abrasivos.
d) Detergentes neutros.

101. ¿Cómo se denomina la capacidad de emulsionar la suciedad de un detergente?

a) Poder humectante.
b) Dispersión.
c) Suspensión.
d) Brillo.

102. ¿Qué detergentes eliminan la suciedad mineral? Detergentes:

a) Alcalinos.
b) Ácidos.
c) Neutros.
d) Todas son correctas.

103. ¿Qué propiedad del detergente se da cuando se rompe la suciedad, dispersando las partículas finas que componían esa mancha?

a) Poder humectante.
b) Dispersión.
c) Emulsión.
d) Brillo.

104. ¿Qué abrillantadores se emplean en la limpieza de mobiliario no lavable?

a) Detergente ácido diluido.
b) Detergente neutro diluido.
c) Productos capta polvo.
d) Detergente natural a base de limón.

105. En el mobiliario de maderas nobles se emplearán como abrillantadores:

a) Ceras en base disolvente.
b) Detergente neutro diluido.

c) Productos capta polvo.
d) Detergente natural a base de limón.

106. ¿Qué sustancias no son recomendables en el ámbito hospitalario?

a) Limpiacristales.
b) Limpiametales.
c) Limpiamuebles o abrillantadores.
d) Ambientadores.

107. ¿Qué es el hipoclorito sódico a concentración inferior al 5 %?

a) Agua fuerte.
b) Amoníaco.
c) Lejía.
d) Zotal.

108. ¿Qué sustancia se emplea más como antiséptico?

a) Lejía.
b) Amonio cuaternario.
c) Yodo.
d) Aldehídos.

109. El triclosan es:

a) Un fenol.
b) Una lejía.
c) Un aldehído.
d) Un amonio cuaternario.

110. ¿Cual de las siguientes opciones es un inconveniente del fenol?

a) Baja actividad frente a virus.
b) Es irritante de la piel y mucosas respiratorias y oculares.
c) Tiene efecto alergénico y fotosensibilizante.
d) Todos los anteriores son inconvenientes.

111. En la tabla de almacenamiento con sus respectivos iconos, el signo "0" entre productos nos indica:

a) Puede almacenarse junto.
b) No debe almacenarse junto.
c) Solamente podrán almacenarse juntos, adoptando ciertas medidas.
d) Debe estar siempre vacío.

112. ¿Con qué letra se denominan las indicaciones de peligro de las etiquetas de los productos?

a) P.
b) R.
c) H.
d) S.

113. ¿Cómo se denomina el documento elaborado por el fabricante de una sustancia o mezcla química en la que se ofrece abundante información sobre sus riesgos?

a) Ficha de datos de seguridad.
b) Etiqueta.
c) envase.
d) Prospecto.

114. ¿Qué datos contendrá la FDS sobre la manipulación y almacenamiento del producto?

a) Precauciones para una manipulación segura.
b) Condiciones de almacenamiento seguro, incluidas posibles incompatibilidades.
c) Usos específicos finales.
d) Todas las respuestas son correctas.

115. ¿Qué tipo de peligro tienen las sustancias comburentes?

a) Físicos.
b) Químicos.
c) Para la salud.
d) Para el medio ambiente.

116. Cuando una sustancia o mezcla inducen cáncer o aumentan su incidencia, ¿cómo se denomina?

a) Mutagénica.
b) Carcinogénica.
c) Pirogénica.
d) Tóxica.

117. Si en la etiqueta de un producto aparece el siguiente símbolo significa qué es:

a) Peligroso para el medio ambiente.
b) Nocivo.
c) Biodegradable.
d) Tóxico.

118. Los pictogramas de peligro son composiciones gráficas que contienen:

a) Un símbolo rojo sobre un fondo negro, con un marco naranja lo suficientemente ancho para ser claramente visible.

b) Un símbolo blanco sobre un fondo negro, con un marco rojo lo suficientemente ancho para ser claramente visible.

c) Un símbolo rojo sobre un fondo blanco, con un marco naranja lo suficientemente ancho para ser claramente visible.

d) Un símbolo negro sobre un fondo blanco, con un marco rojo lo suficientemente ancho para ser claramente visible.

119. Las indicaciones de peligro, llamadas H, se agrupan en:

a) Peligros para la salud humana.

b) Peligros físicos.

c) Peligros para el medio ambiente.

d) Todas las respuestas son correctas.

120. El documento que elabora el fabricante de una sustancia o mezcla química para informar de sus riesgos se llama:

a) Libro Técnico de Riesgos.

b) Ficha de Datos de Seguridad.

c) Libro de Instrucciones.

d) Nota Técnica de Prevención.

121. Los envases en que se presentan para la venta los productos de limpieza han de cumplir ciertos requisitos. ¿Cuál de los siguientes es falso?

a) Los materiales que constituyen los envases y sus cierres han de ser fácilmente solubles en el contenido para no entrar en reacción con él.

b) Los envases y sus cierres estará diseñados y fabricados de manera que sean estancos, fuertes y sólidos.

c) Los envases de los productos con un sistema de cierre reutilizable dispondrán de un cierre de características y diseños tales que una vez abiertos puedan ser nuevamente cerrados sin perder su carácter estanco.

d) La válvula de los productos envasados en aerosoles deberá permitir el cierre prácticamente hermético del generador de aerosol y estar protegida contra toda abertura involuntaria.

122. El Reglamento CLP establece tres tipos de peligros que pueden representar las sustancias o sus mezclas; señala la incorrecta:

a) Peligros para el medio ambiente.

b) Peligros físicos.

c) Peligros para la salud.
d) Peligros contagiables.

123. Según el Reglamento CLP, ¿en cuántas clases se agrupan los peligros relacionados con las propiedades fisicoquímicas de los productos?

a) En 2 clases.
b) En 6 clases.
c) En 10 clases.
d) En 16 clases.

124. Los líquidos inflamables son aquellos cuyo punto de inflamación no supera:

a) 60 ºC.
b) 80 ºC.
c) 93 ºC.
d) 110 ºC.

125. ¿Cómo se llaman las sustancias que en contacto con otras producen una reacción exotérmica?

a) Pirofóricas.
b) Explosivas.
c) Comburentes.
d) Corrosivas.

126. Las sustancias o mezclas líquidas o sólidas que, aún en pequeñas cantidades, pueden inflamarse al cabo de 5 minutos de entrar en contacto con el aire, se llaman:

a) Sustancias pirofóricas.
b) Sustancias comburentes.
c) Sustancias autorreactivas.
d) Sustancias explosivas.

127. Los peligros para la salud se hallan divididos, según el Reglamento CLP, en:

a) 20 clases y 35 categorías.
b) 2 clases y 5 categorías.
c) 10 clases y 25 categorías.
d) 16 clases y 45 categorías.

128. No se considera toxicidad aguda cuando los efectos adversos se manifiestan:

a) Tras la administración por vía oral de una sola dosis de una sustancia o mezcla.
b) Tras dosis múltiples administradas a lo largo de 24 horas.

c) Como consecuencia de una exposición por inhalación durante 4 horas.

d) Tras la administración por vía cutánea de entre 10 a 20 dosis de una sustancia o mezcla.

129. Se clasifican como irritantes oculares las sustancias que, como consecuencia de su aplicación en la superficie anterior del ojo, producen alteraciones oculares totalmente reversibles en:

a) Las 4 horas siguientes a la aplicación.
b) Las 24 horas siguientes a la aplicación.
c) Los 10 días siguientes a la aplicación.
d) Los 21 días siguientes a la aplicación.

130. En el etiquetado de un producto de limpieza, las palabras que indican el nivel relativo de gravedad de los peligros para alertar al consumidor de la existencia de un peligro potencial, se denominan:

a) Palabras de advertencia.
b) Consejos de prudencia.
c) Pictogramas.
d) Frases R.

131. ¿Cuál de las siguientes es una palabra de advertencia asociada a las categorías menos graves, según el Reglamento CLP?

a) Cuidado.
b) Ojo.
c) Atención.
d) Prudencia.

132. ¿De qué advierte el pictograma de la figura en una etiqueta de un producto de limpieza?

a) Sustancia inflamable.
b) Sustancia comburente.
c) Sustancia corrosiva.
d) Sustancia explosiva.

133. Al utilizar un producto químico con el siguiente pictograma, hay que recordar que se trata de una sustancia:

a) Corrosiva.
b) Dañina para el medio ambiente.
c) Tóxica.
d) Gas bajo presión.

134. Las frases de riesgo, R, de las etiquetas de los productos químicos han sido sustituidos en el nuevo Reglamento CLP por:

a) Las frases H, indicaciones de peligro.
b) Los consejos de prudencia, P.
c) Las palabras de advertencia.
d) Los pictogramas.

135. Las frases EUH en la etiqueta de un producto, contienen:

a) Indicaciones de peligro para la salud humana.
b) Consejos de prudencia.
c) Frases de advertencia.
d) Información suplementaria sobre los peligros.

136. Los nuevos consejos de prudencia en las etiquetas de los productos, equivalen a las anteriores:

a) Indicaciones de peligro.
b) Frases S.
c) Frases R.
d) Palabras de peligro.

137. El etiquetado de aquellos detergentes que resulten clasificados como productos peligrosos:

a) Deberá cumplir el Reglamento sobre clasificación, envasado y etiquetado de preparados peligrosos vigente.
b) Bastará con cumplir sólo el etiquetado de la Reglamentación técnico-sanitaria para la elaboración, circulación y comercio de detergentes y limpiadores.
c) No está sujeta a obligaciones de etiquetado.
d) La etiqueta deberá ser de color naranja.

138. En el caso de que un producto limpiador sea considerado como producto peligroso, actualmente el fabricante debe incluir en su etiquetado un pictograma de peligro que será:

a) Cuadrado y apoyado sobre un lado.
b) Cuadrado y apoyado sobre un vértice.
c) Redondo.
d) Rectangular apoyado sobre el lado mayor.

139. En la tabla de almacenamiento con sus respectivos iconos, el signo "0" entre productos nos indica:

a) Puede almacenarse junto.
b) No debe almacenarse junto.

c) Solamente podrán almacenarse juntos, adoptando ciertas medidas.

d) Debe estar siempre vacío.

140. ¿Qué es falso del almacenamiento de los productos de limpieza?

a) Se debe utilizar en las zonas bajas de las estanterías los productos más voluminosos y los más utilizados.

b) Almacenar las sustancias peligrosas debidamente separadas.

c) A mayor producto almacenado, menor riesgo.

d) Almacenar las sustancias peligrosas agrupadas por el tipo de riesgo que pueden generar y respetando las incompatibilidades que existen entre ellas

141. Los productos de limpieza pueden:

a) Provocar incendios o explosiones.

b) Emitir gases peligrosos.

c) Son ciertas las respuestas a) y b).

d) Generalmente son inocuos, y no debe existir precauciones en su almacenamiento.

142. ¿Qué cantidades de productos químicos de limpieza se guardarán en los lugares de trabajo?

a) Suficientes para un mes de trabajo.

b) Suficientes para una semana de trabajo.

c) Las que sean estrictamente necesarias para el desarrollo de la actividad diaria.

d) No es necesario tener controles estrictos de cantidades de productos químicos de limpieza.

143. ¿Cómo deben almacenarse las sustancias peligrosas empleadas en la limpieza?

a) Separadas y obviando las incompatibilidades que existen entre ellas.

b) Agrupadas por diferentes tipos de riesgo.

c) Obviando las incompatibilidades que existen entre ellas.

d) Separadas, agrupadas por el tipo de riesgo que pueden generar y respetando las incompatibilidades que existen entre ellas.

144. ¿Qué productos de estos pueden estar cerca unos de otros ya que no son reactivos entre sí?

a) La lejía y el salfumán.

b) La lejía y el amoníaco.

c) La lejía, el salfumán, el amoníaco.

d) Todos son reactivos entre sí, y no pueden acercarse unos con otros.

145. Todo lo que se dice de las recomendaciones de almacenaje de productos químicos empleados en limpieza es cierto, excepto:

a) Elegir el recipiente adecuado para guardar cada tipo de sustancia química.

b) Guardar los líquidos peligrosos en recipientes abiertos.

c) Tener en cuenta que el frío y el calor deterioran el plástico, por lo que este tipo de envases que contenga productos químicos de limpieza deben ser revisados con frecuencia.

d) Todos los envases que contenga productos químicos de limpieza deben tener su correspondiente etiqueta.

146. ¿Qué productos químicos se sitúan en las zonas más bajas de las estanterías?

a) Los productos más voluminosos y los menos utilizados.

b) Los productos más voluminosos y los más utilizados.

c) Los productos menos voluminosos y los menos utilizados.

d) Los productos menos voluminosos y los más utilizados.

Ante esta imagen, responda a las siguientes preguntas de almacenamiento de productos químicos:

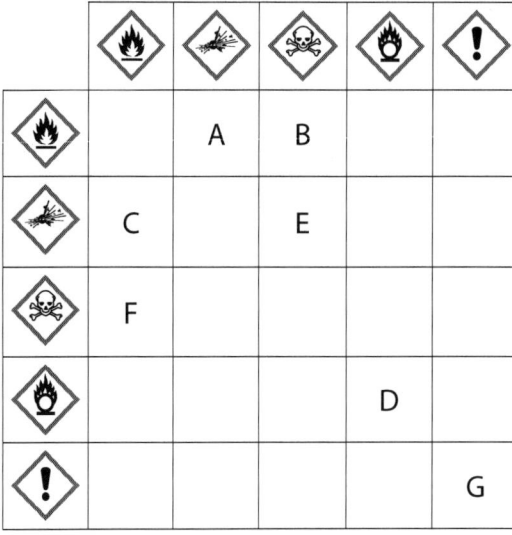

147. ¿Qué ocurrirá ante el suceso A?

a) Pueden almacenarse juntos.

b) No deben almacenarse juntos.

c) Solamente podrán almacenarse juntos, adoptando ciertas medidas.

d) Debe estar siempre vacío.

148. ¿Qué ocurrirá ante el suceso B?

a) Pueden almacenarse juntos.
b) No deben almacenarse juntos.
c) Solamente podrán almacenarse juntos, adoptando ciertas medidas.
d) Debe estar siempre vacío.

149. ¿Qué ocurrirá ante el suceso C?

a) Pueden almacenarse juntos.
b) No deben almacenarse juntos.
c) Solamente podrán almacenarse juntos, adoptando ciertas medidas.
d) Debe estar siempre vacío.

150. ¿Qué ocurrirá ante el suceso D?

a) Pueden almacenarse juntos.
b) No deben almacenarse juntos.
c) Solamente podrán almacenarse juntos, adoptando ciertas medidas.
d) Debe estar siempre vacío.

151. ¿Cada cuánto tiempo se debe eliminar el polvo de las paredes no lavables (pintadas y empapeladas)?

a) Una vez cada semana.
b) Una vez cada quince días.
c) Una vez al mes.
d) Una vez al trimestre.

152. Para eliminar de las paredes no lavables (pintadas y empapeladas) manchas de lápiz, el roce de la suela de los zapatos o de la goma de los carros o sillas de ruedas, se utilizará:

a) Detergente alcalino.
b) Alcohol de quemar.
c) Goma de borrar o miga de pan.
d) Cera acrílica.

153. ¿Cómo se limpiarán las paredes lavables, según el grado de suciedad?

a) Con agua y detergente neutro o alcalino.
b) Con agua y detergente neutro.
c) Con agua y detergente ácido concentrado.
d) Con agua.

154. Las paredes alicatadas se limpiarán con:

a) Los mismos materiales que para limpiar cristales.

b) Agua y detergente ácido concentrado (más sucias) o con detergente ácido levemente concentrado (más limpias).

c) Agua y detergente básico concentrado (más limpias) o con detergente ácido levemente concentrado (más sucias).

d) Agua y quitamanchas, ayudándonos del tubo telescópico con mojador y rastrillo.

155. ¿Cuándo se realizará la limpieza de zócalos?

a) Antes de limpiar la pared.

b) Durante la limpieza de la pared.

c) Después de limpiar la pared.

d) Da igual el momento que se haga su limpieza.

156. ¿Cómo se limpiará el acero en puertas y ascensores?

a) Bayeta impregnada de solución de jabón natural, frotando de un lado a otro y posterior secado.

b) Bayeta impregnada de detergente y desinfectante, frotando en círculos y posterior secado.

c) Bayeta impregnada de detergente alcalino y alcohol de romero, frotando de un lado a otro y posterior secado.

d) Bayeta impregnada de solución de jabón natural, frotando en círculos y posterior secado.

157. ¿Qué maniobra de limpieza se hará primero en paredes con textiles?

a) Quitar las manchas con espuma de champú.

b) Lavado con bayeta humedecida y detergente neutro.

c) Aspirar la pared.

d) Poner spray capta polvo.

158. ¿Cómo se trabajan las manchas en paredes de textiles acrílicos con espuma de champú?

a) Se frota de lado a lado.

b) Se frota haciendo círculos.

c) De fuera hacia dentro para evitar que las manchas se extiendan.

d) De dentro hacia fuera para evitar que las manchas se extiendan.

159. ¿Qué material de estos puede deteriorar las paredes de madera?

a) Agua.

b) Mop-sec.

c) Productos capta polvo.
d) Nada de lo anterior las deteriora.

160. Generalmente el pequeño secado como consecuencia de algún humedeci-miento provocado por la bayeta al limpiar una mancha en la pared de madera, se realizará con:

a) Una mopa.
b) Una gamuza.
c) Un estropajo.
d) Un trapo seco cualquiera.

Solución al test n.º 1

1. b) La eliminación física de materia orgánica y de la contaminación de los objetos.

2. d) Acción mecánica, acción química, tiempo y temperatura.

3. a) Medio por el que se efectúa la limpieza; puede ser manual o mecánica.

4. d) Todas las respuestas son correctas.

5. b) La que se realiza en situaciones excepcionales o cuando finaliza un proceso.

6. b) Antisepsia.

7. d) Componentes complementarios que mejoran ciertas propiedades características de los componentes fundamentales.

8. a) Tensioactivo.

9. a) Aniónico.

10. a) La capacidad de disolver la suciedad gracias a la producción y unión de tres fenómenos físicos: poder humectante, dispersión y suspensión.

11. b) Es un componente complementario de un detergente o de un limpiador, que aporta propiedades particulares a las de los componentes fundamentales en la acción específica de la limpieza.

12. a) Son todas las áreas destinadas al uso exclusivo de los usuarios del centro.

13. c) Supone la total eliminación de la vida microbiana.

14. b) Cloro.

15. b) Cloro.

16. d) Todas las respuestas son correctas.

17. b) Deberá ir antecedido por el método húmedo más adecuado en cada caso.

18. a) Cubo rojo (cubo de sucio) y cubo azul (cubo de limpio).

19. d) 16 litros de agua.

20. b) Superficies lisas y lavables, con dos únicos planos a diferentes alturas.

21. b) Necesita ser humedecida con agua o solución de detergente neutro.

22. b) Mopa de fliselina.

23. d) Cualquiera de las posibilidades anteriores es correcta.

24. c) Pasillos.

25. c) De distinto color.

26. c) Mopa gasa.

27. b) Sobre el cubo rojo.

28. c) Quitar el polvo previamente con una bayeta humedecida en agua y casi seca. A continuación un preparado a base de cera.

29. c) Neutro.

30. a) Es el tratamiento idóneo para piedras porosas y calcáreas.

31. d) Las opciones a) y b) son correctas.

32. d) Todas son correctas.

33. a) Utilizaremos productos que contengan fluosilicatos.

34. b) Se apartará un palmo del zócalo.

35. b) Son suelos sensibles a los productos alcalinos.

36. d) Todas son correctas.

37. d) Todas son correctas.

38. b) Lo que más les daña es el agua.

39. d) Todas son correctas.

40. b) Spray.

41. a) Su color.

42. d) Todas las respuestas son correctas.

43. d) Todo ello, emulsionado con agua.

44. c) Primero diamantado y después cristalizado.

45. d) Bayetas preimpregnadas.

46. d) No necesita ningún líquido específico para limpiar, ya que viene preparada de tal forma que solo hace falta mojarla en agua para conseguir buenos resultados.

47. d) Debe utilizarse seca (nunca humedecida).

48. d) Azul.

49. b) Retretes.

50. b) La mopa de microfibras.

51. a) La limpieza con microfibras requiere de mayor cantidad de productos químicos y de agua.

52. c) Parafina.

53. a) Fliselina.

54. c) Polipropileno.

55. c) Genera pelusa e hilachas libres en condiciones normales de uso.

56. d) Funde a los 130 ºC.

57. c) Al estropajo.

58. d) De todo lo anterior.

59. b) El suelo.

60. c) La fregona de esponja.

61. a) El sistema limpiador de agua y su diseño ergonómico.

62. c) Bayeta de tela sin tejer.

63. b) Sanitarios que no sean retretes.

64. d) Bayeta de celulosa.

65. b) Humedecida.

66. c) Hasta el 66%.

67. a) 110 ºC.

68. c) Prensa automática.

69. c) Protección eléctrica Clase V, con doble aislamiento.

70. d) Superficies amuebladas de mediana y gran dimensión.

71. b) Sirve para fregar.

72. d) Por retirada de la bolsa y mediante el vaciado en bolsa de basura del depósito contenedor.

73. b) 200- 450 kg y solo se pueden transportar con ascensor.

74. d) Todas son correctas.

75. c) Cada seis meses.

76. b) Azul y rojo.

77. d) Todas son correctas.

78. b) No, ya que de esa tarea se ocupan los correspondientes profesionales.

79. b) Con bayeta de tela sin tejer impregnada de solución de detergente multiusos.

80. b) Con un paño humedecido en solución de detergente neutro.

81. d) Se realizará sacudiendo suavemente los teclados.

82. b) Con una bayeta de tela sin tejer humedecida en solución de detergente neutro.

83. d) Ninguna de las respuestas anteriores es correcta.

84. c) Una bayeta húmeda.

85. b) Productos antiestáticos.

86. d) Ninguna es correcta: esta limpieza será realizada por los profesionales del área.

87. a) Suelen cargarse de energía estática.

88. b) Negro.

89. a) Limpiando bien la superficie con un paño humedecido con una solución de citrato sódico al 10 %.

90. c) Pavimentadores.

91. a) Un desinfectante, derivado del cloro.

92. d) Determinar el aspecto del producto acabado.

93. d) Todas.

94. d) Tensioactivos aniónicos con tensioactivos catiónicos.

95. b) Su acción es de larga duración.

96. b) Mejorando la acción química.

97. c) Alcalino.

98. c) No iónicos.

99. d) Todas las respuestas son correctas.

100. b) Detergentes ácidos.

101. c) Suspensión.

102. b) Ácidos.

103. b) Dispersión.

104. c) Productos capta polvo.

105. a) Ceras en base disolvente.

106. d) Ambientadores.

107. c) Lejía.

108. c) Yodo.

109. a) Un fenol.

110. d) Todos los anteriores son inconvenientes.

111. c) Solamente podrán almacenarse juntos, adoptando ciertas medidas.

112. c) H.

113. a) Ficha de datos de seguridad.

114. d) Todas las respuestas son correctas.

115. a) Físicos.

116. b) Carcinogénica.

117. a) Peligroso para el medio ambiente.

118. d) Un símbolo negro sobre un fondo blanco, con un marco rojo lo suficientemente ancho para ser claramente visible.

119. d) Todas las respuestas son correctas.

120. b) Ficha de Datos de Seguridad.

121. a) Los materiales que constituyen los envases y sus cierres han de ser fácilmente solubles en el contenido para no entrar en reacción con él.

122. d) Peligros contagiables.

123. d) En 16 clases.

124. a) 60 ºC.

125. c) Comburentes.

126. a) Sustancias pirofóricas.

127. c) 10 clases y 25 categorías.

128. d) Tras la administración por vía cutánea de entre 10 a 20 dosis de una sustancia o mezcla.

129. d) Los 21 días siguientes a la aplicación.

130. a) Palabras de advertencia.

131. c) Atención.

132. d) Sustancia explosiva.

133. a) Corrosiva.

134. a) Las frases H, indicaciones de peligro.

135. d) Información suplementaria sobre los peligros.

136. b) Frases S.

137. a) Deberá cumplir el Reglamento sobre clasificación, envasado y etiquetado de preparados peligrosos vigente.

138. b) Cuadrado y apoyado sobre un vértice.

139. c) Solamente podrán almacenarse juntos, adoptando ciertas medidas.

140. c) A mayor producto almacenado, menor riesgo.

141. c) Son ciertas las respuestas a) y b).

142. c) Las que sean estrictamente necesarias para el desarrollo de la actividad diaria.

143. d) Separadas, agrupadas por el tipo de riesgo que pueden generar y respetando las incompatibilidades que existen entre ellas.

144. d) Todos son reactivos entre sí, y no pueden acercarse unos con otros.

145. b) Guardar los líquidos peligrosos en recipientes abiertos.

146. b) Los productos más voluminosos y los más utilizados.

147. b) No deben almacenarse juntos.

148. b) No deben almacenarse juntos.

149. b) No deben almacenarse juntos.

150. a) Pueden almacenarse juntos.

151. c) Una vez al mes.

152. c) Goma de borrar o miga de pan.

153. a) Con agua y detergente neutro o alcalino.

154. a) Los mismos materiales que para limpiar cristales.

155. c) Después de limpiar la pared.

156. a) Bayeta impregnada de solución de jabón natural, frotando de un lado a otro y posterior secado.

157. c) Aspirar la pared.

158. c) De fuera hacia dentro para evitar que las manchas se extiendan.

159. a) Agua.

160. b) Una gamuza.

TEST N.º 2

Preparación y atención de comedores. Montaje de comedores: material y colocación del mismo. Tipología de servicios de comedores. Retirada de bandejas de comida

1. ¿Cuál es la fase de preparación del comedor?

a) Mise en place.
b) Montaje de mesas.
c) Repaso de materiales.
d) Todas las anteriores.

2. ¿Qué característica no tendrán las puertas que separan la cocina y el comedor?

a) Abatibles.
b) Herméticas.
c) Con ventanilla tipo ojo de buey.
d) Fáciles de abrir.

3. ¿Qué desventaja tienen las mesas rectangulares para los comensales?

a) Caben más comensales.
b) Las mesas muy largas reducen las posibilidades de comunicación entre los comensales.
c) Hay menos espacio entre comensales.
d) Dificulta el servicio.

4. ¿Dónde se apoyaría par descorchar un vino?

a) En la mesa del comensal.
b) En el aparador.
c) En un gueridón.
d) En un cestillo.

5. ¿Cuál es la función del carro caliente?

a) Cocer.
b) Recalentar la comida.
c) Mantener la temperatura del alimento.
d) Todas las respuestas son correctas.

6. ¿Qué aparato sirve para calentar un plato antes de emplatar la comida?

a) Mesa caliente.
b) Calientaplatos.
c) Baño María.
d) Salamandra.

7. ¿De qué material es el muletón?

a) Textil.
b) Metal.
c) Plástico.
d) Las opciones a) y b) son correctas.

8. ¿Qué forma tiene generalmente la servilleta?

a) Rectangular.
b) Triangular.
c) Cuadrada.
d) No tiene forma definida.

9. ¿Para qué elaboración se utiliza el plato hondo?

a) Patatas fritas.
b) Sopa.
c) Tarta.
d) Paella.

10. ¿Qué cuchara es más pequeña?

a) Sopera.
b) Postre.
c) Servicio.
d) Moka.

11. Según el protocolo, para el servicio de comedores, ¿cuál de estos elementos se cubre con un mantel o similar?

a) Mesa.
b) Gueridon.
c) Entrepaños del aparador.
d) Todas las respuestas son correctas.

12. ¿En un banquete, dónde se coloca la copa de vino?

a) A la derecha de la de agua.
b) A la izquierda de la de agua.
c) A la derecha de la de cava.
d) Junto al vaso de agua.

13. ¿Cómo se debe servir el pan en la mesa?

a) Con la mano.
b) Con pinchas.
c) En cestillo.
d) Las respuestas b) y c) son correctas.

14. ¿Cuándo se desbarasa el primer plato?

a) Antes del servicio del postre.
b) Después del servicio del segundo plato.
c) Antes del servicios del segundo plato.
d) A la vez que se sirve el segundo plato.

15. ¿Qué son los aros de montaje?

a) Utensilios de cocción.
b) Moldes.
c) Cubiertos.
d) Elementos de decoración.

16. ¿Sobre cuanto grados se ha de servir el vino rosado?

a) 8 ºC.
b) 10 ºC.
c) 12 ºC.
d) 15 ºC.

17. ¿En qué sistema se puede emplatar en office?

a) Tradicional.
b) Centralizado.
c) Self-service.
d) En todos ellos.

18. Señale cuál de las siguientes formas de colocar los cubiertos está equivocada:

a) Se colocan dos tenedores en la parte izquierda del plato, con las puntas hacia arriba.
b) El cuchillo y la pala de pescado se colocan a la derecha del plato, el cuchillo con el filo hacia fuera.
c) La cuchara se coloca a la derecha de los cuchillos.
d) Los cubiertos de postre se colocan entre las copas y el plato. El tenedor estará más cercano al plato y con el mango hacia la izquierda, la cuchara estará a continuación del tenedor pero con el mango hacia la derecha.

19. Para comer espaguetis, ¿qué cubertería utilizaría?

a) Tenedor trinchero a la derecha, exclusivamente.
b) Tenedor fondue a la derecha y cuchara postre a la izquierda.
c) Tenedor fondue a la derecha y cuchara sopera a la izquierda.
d) Tenedor trinchero a la derecha y cuchara sopera a la izquierda.

20. ¿Cuál es el número máximo de comensales que se deben sentar en una mesa redonda?

a) 3.
b) 5.
c) 10.
d) 15.

21. ¿Qué es el aparador?

a) Mesa auxiliar que se utiliza como apoyo a determinadas tareas de servicio.
b) Mueble donde colocar el material necesario para el montaje de las mesas y el servicio de las comidas.
c) Elemento móvil de apoyo al servicio.
d) Carro para presentar la oferta en comedor.

22. ¿Cuál de estos equipos servirá para mantener la comida caliente hasta su servicio?

a) Carro caliente.
b) Calientaplatos.
c) Rechaud.
d) Sauté.

23. ¿Dónde se coloca el muletón?

a) Sobre el mantel.
b) Sobre el cubremantel.
c) Bajo la mesa.
d) Bajo el mantel.

24. ¿Qué utilidad tiene el lito?

a) Evitar que el comensal se manche durante la comida.
b) Apoyo al camarero durante el servicio.
c) Secar los platos.
d) Proteger la mesa.

25. ¿Qué plato puede tener forma de media luna?

a) La rabanera.
b) El plato de postre.
c) El plato de ensalada.
d) Ninguno de ellos.

26. ¿Dónde se sirve el consomé?

a) En plato sopero.
b) En taza.
c) En vaso.
d) Las respuestas a) y b) son correctas.

27. ¿Cuál de éstas es la cuchara más pequeña?

a) Sopera.
b) Postre.
c) Moka.
d) Café.

28. Los útiles de trabajo en contacto con las materias primas serán de materiales:

a) Resistentes a las bajas temperaturas.
b) Fáciles de almacenar.
c) Resistentes a la corrosión.
d) Fáciles de sustituir

29. ¿Para qué bebida se utiliza la copa tipo Burdeos?

a) Agua.
b) Vino.
c) Cerveza.
d) Licor.

30. ¿Qué tareas forman parte de la mise en place?

a) Repaso del material.
b) Preparación del aparador.
c) Montaje de mesas.
d) Todas las respuestas son correctas.

31. ¿Qué se utiliza para el repaso de la cristalería?

a) Un paño seco.
b) Vapor de agua.
c) Agua y jabón.
d) Limpiacristales.

32. ¿Cómo se viste la mesa?

a) Se coloca el muletón para proteger la mesa, a continuación el mantel que quede justo al borde de la mesa y por último el cubremantel que será del mismo tamaño.
b) Se coloca el mantel, luego el muletón y por último el cubremantel que protegerá a los otros de las manchas.
c) Se coloca el muletón, encima el mantel de manera que los picos caigan sobre las patas de la mesa, y sobre éste el cubremantel de tamaño más pequeño que el mantel.
d) Sólo es necesario poner el muletón y el cubremantel.

33. ¿Dónde se coloca el plato del pan?

a) A la izquierda del plato base.
b) A la derecha del plato base.
c) Encima del plato base.
d) Debajo del plato base.

34. Como norma general, ¿a qué lado del plato base se coloca el tenedor trinchero?

a) A la izquierda.
b) A la derecha.
c) Delante del plato y en horizontal.
d) Siempre.

35. ¿Dónde se coloca la copa de agua?

a) Centrada delante del plato.
b) A la derecha de la copa de vino tinto.
c) A la derecha de la copa de vino blanco.
d) Entre las copas de vino tinto y blanco.

36. ¿De qué material deben ser las tuberías de desagüe dentro de las condiciones que debe reunir el sistema de fontanería de una cocina de una unidad de cocina hospitalaria?

a) Plomo.
b) Cobre.
c) Aluminio.
d) PVC.

37. ¿Qué características debe poseer, de las que se nombran, la superficie de la cocina?

a) Permeable, atóxica y resistente a la corrosión.
b) Impermeable, dura y con esquinas curvas.
c) Plástica, de fácil limpieza y resistente a la corrosión.
d) Impermeable, atóxica y resistente a la corrosión.

38. ¿Qué se debe servir primero?

a) La bebida.
b) La ensalada.
c) El pan.
d) El primer plato.

39. ¿Por qué lado del comensal se pasa la comida emplatada?

a) Por la derecha.
b) Por la izquierda.
c) Desde en frente.
d) Depende de la elaboración de que se trate.

40. ¿Qué diferencia hay entre el servicio a la inglesa y el servicio a la francesa?

a) El servicio a la inglesa se realiza con pinzas y el servicio a la francesa no.
b) El servicio a la inglesa es de fuente a plato y el servicio a la francesa no.
c) En el servicio a la inglesa en camarero sirve la comida en el plato y en el servicio a la francesa es el comensal quien lo hace.
d) El servicio a la inglesa es emplatado y el servicio a la francesa no.

41. ¿Qué es desbarasar?

a) Retirar de la mesa todos los elementos que han sido usados por el comensal.
b) Marcar cubiertos para un segundo plato.
c) Retirar la bandeja con la comida sobrante en un servicio a la inglesa.
d) Acumular los residuos en el aparador.

42. ¿Cuántas personas pueden formar la presidencia en un banquete?

a) Una o varias.
b) Siempre un número impar.
c) Siempre un número par.
d) En una mesa imperial todos los comensales forman la presidencia.

43. ¿Cuál de estos platos no forma parte del desayuno continental?

a) Zumo.
b) Café.
c) Bollería.
d) Huevos con bacón.

44. ¿Qué especialidad tiene el sumiller?

a) Servicio de postres.
b) Toma de comanda.
c) Servicio de vinos.
d) Atención en banquetes.

45. ¿Cómo se denomina el servicio en el que los camareros pasan con bandejas ofreciendo comida y bebida?

a) Buffet.
b) Cóctel.
c) Catering.
d) Autoservicio.

46. ¿Qué caracteriza al buffet?

a) Variedad de platos.
b) Manteles largos.
c) Los comensales están de pie.
d) Las respuestas a) y b) son correctas.

47. Todo manipulador de alimentos debe respetar las siguientes normas de higiene:

a) Lavado de manos con agua caliente y jabón.
b) Fumar, toser o estornudar sobre el alimento.
c) Usar mascarilla exclusivamente para la manipulación de productos que se consumirán en crudo.
d) Todas son correctas.

48. Para garantizar la protección de los productos primarios contra focos de contaminación, ¿qué medida/s higiénica/s tendrá en cuenta la empresa alimentaria?

a) Mantendrán limpias las instalaciones, equipos, contenedores y vehículos.

b) Evitarán la contaminación por plagas u otros animales, residuos y sustancias peligrosas.

c) Vigilarán el buen estado de salud de los manipuladores, y se asegurarán de que reciben la formación necesaria sobre riesgos sanitarios.

d) Todas las respuestas son correctas.

49. "El recipiente concavo en forma de tazón", recibe el nombre de:

a) Fuente.

b) Bandeja.

c) Taza.

d) Bol.

50. ¿Qué características tendrán las superficies donde se manipulen alimentos?

a) Serán de materiales porosos con fácil absorción.

b) Las superficies serán rugosas para evitar el deslizamiento de los materia-les durante la manipulación.

c) Serán de materiales lisos, lavables, resistentes a la corrosión y no tóxicos.

d) No hay requisitos sobre las características de los materiales que entren en contacto con los alimentos, tan solo se deberán mantener limpios.

51. Los contenedores utilizados para transporte de productos alimenticios, ¿podrán transportar algo que no sean productos alimenticios?

a) No, nunca.

b) Sí, siempre que exista una separación efectiva de los productos para evitar contaminación.

c) Sí. No tienen por qué ser exclusivos para productos alimenticios.

d) Cada producto debe ir obligatoriamente en un contenedor, aunque podrá ser transportado en el mismo vehículo.

52. ¿Qué objetivos tiene la formación de los manipuladores de alimentos?

a) Actualizar los cambios normativos y tecnológicos.

b) Mejorar los hábitos de los manipuladores y promover las prácticas correctas.

c) Responder a las exigencias de la normativa vigente.

d) Todas las respuestas son correctas.

53. A nivel eléctrico, ¿qué sensibilidad poseerán las protecciones diferenciales?

a) 100 mA.
b) 80 mA.
c) 60 mA.
d) 30 mA.

54. El nivel de iluminación estará calculado en la unidad de cocina para un valor de:

a) 200 lux.
b) 350 lux.
c) 500 lux.
d) 1000 lux.

55. ¿Qué requisitos se establecen respecto a la temperatura de los locales donde se manipulan alimentos?

a) La manipulación y almacenamiento se harán a temperatura adecuada, que se podrá comprobar y registrar.
b) La temperatura se mantendrá constante durante todo el proceso de manipulación.
c) Será siempre de 20 ºC, para comodidad del trabajador.
d) La normativa no hace referencia a la temperatura salvo para productos conservados por frío.

56. Respecto a la disposición, diseño, construcción, emplazamiento y tamaño, de los locales donde se manipulen alimentos, ¿qué establece la normativa?

a) Permitirá su limpieza y desinfección, y evitará la acumulación de suciedad.
b) Dispondrá de espacio suficiente para trabajar de forma higiénica.
c) Reducirá la contaminación por aire.
d) Todas las respuestas son correctas.

57. ¿Para qué se utiliza la marmita?

a) Para elaborar asados.
b) Para elaborar fondos.
c) Para cocciones al vacío.
d) Todas las respuestas son correctas.

58. La Sautese es utilizada para:

a) Saltear, rehogar y estofar géneros.
b) Confeccionar salsas y cremas.

c) Asar grandes piezas de carne.
d) Presentar pescados.

59. ¿Qué diferencia hay entre una marmita y un rondón?

a) Tienen diferente forma.
b) El rondón es más bajo.
c) La marmita tiene dos asas y el rondón una.
d) No hay apenas diferencias.

60. ¿Para qué se utiliza el baño María?

a) Se usa para mantener calientes ciertas elaboraciones.
b) Para asar.
c) Para elaborar salsas, hervidos, purés, cremas.
d) Se utiliza para la cocción de pequeñas cantidades de producto.

61. ¿Qué función tiene el abatidor de temperatura?

a) Aumentar la temperatura.
b) Conservar el alimento.
c) Bajar la temperatura del alimento.
d) Cocer alimentos a presión.

62. ¿Qué son las mesas refrigeradas?

a) Son mesas de trabajo de acero inoxidable y en su parte inferior tiene instalado un sistema frigorífico.
b) Son mesas de trabajo cuya única característica es que están dentro de una cámara frigorífica.
c) Son mesas para mantener calientes las elaboraciones hasta el momento del servicio.
d) Ninguna respuesta es correcta.

63. ¿Qué fuente de calor utiliza la prusiana?

a) Gas.
b) Gasoil.
c) Carbón vegetal.
d) Electricidad.

64. ¿Qué tipos de salamandras hay?

a) Eléctricas y de gas.
b) Murales y centrales.
c) Manuales y automáticas.
d) Las respuestas a) y b) son correctas.

65. ¿Para qué se usa la mesa caliente?

a) Para elaborar platos calientes.
b) Para elaborar platos fríos.
c) Para mantener los platos calientes antes del servicio.
d) Para mantener los platos fríos antes del servicio.

66. ¿Qué hilo se utiliza para bridar?

a) Bramante.
b) Seda.
c) Lana.
d) Cordel.

67. ¿Qué función tiene la campana extractora en cocina?

a) Absorber los vapores y gases desprendidos en la cocción.
b) Reducir la temperatura desprendida durante la cocción.
c) Mover el aire interno de la cocina para evitar que se concentren vapores.
d) Emitir aire frío.

68. ¿Qué es una salamandra?

a) Un horno.
b) Una placa.
c) Una gratinadora.
d) Una tostadora.

69. ¿Cuál de estas no es una función del horno microondas?

a) Cocinar.
b) Descongelar.
c) Calentar.
d) Conservar.

70. El perol de asas se denomina también:

a) Rondón.
b) Sauté.
c) Sartén.
d) Turbotera.

Solución al test n.º 2

1. a) Mise en place.

2. b) Herméticas.

3. b) Las mesas muy largas reducen las posibilidades de comunicación entre los comensales.

4. c) En un gueridón.

5. c) Mantener la temperatura del alimento.

6. b) Calientaplatos.

7. a) Textil.

8. c) Cuadrada.

9. b) Sopa.

10. d) Moka.

11. d) Todas las respuestas son correctas.

12. a) A la derecha de la de agua.

13. d) Las respuestas b) y c) son correctas.

14. c) Antes del servicios del segundo plato.

15. b) Moldes.

16. b) 10 ºC.

17. a) Tradicional.

18. b) El cuchillo y la pala de pescado se colocan a la derecha del plato, el cuchillo con el filo hacia fuera.

19. d) Tenedor trinchero a la derecha y cuchara sopera a la izquierda.

20. c) 10.

21. b) Mueble donde colocar el material necesario para el montaje de las mesas y el servicio de las comidas.

22. a) Carro caliente.

23. d) Bajo el mantel.

24. b) Apoyo al camarero durante el servicio.

25. c) El plato de ensalada.

26. d) Las respuestas a) y b) son correctas.

27. c) Moka.

28. c) Resistentes a la corrosión.

29. b) Vino.

30. d) Todas las respuestas son correctas.

31. b) Vapor de agua.

32. c) Se coloca el muletón, encima el mantel de manera que los picos caigan sobre las patas de la mesa, y sobre éste el cubremantel de tamaño más pequeño que el mantel.

33. a) A la izquierda del plato base.

34. a) A la izquierda.

35. a) Centrada delante del plato.

36. d) PVC.

37. d) Impermeable, atóxica y resistente a la corrosión.

38. c) El pan.

39. a) Por la derecha.

40. c) En el servicio a la inglesa en camarero sirve la comida en el plato y en el servicio a la francesa es el comensal quien lo hace.

41. a) Retirar de la mesa todos los elementos que han sido usados por el comensal.

42. a) Una o varias.

43. d) Huevos con bacón.

44. c) Servicio de vinos.

45. b) Cóctel.

46. d) Las respuestas a) y b) son correctas.

47. a) Lavado de manos con agua caliente y jabón.

48. d) Todas las respuestas son correctas.

49. d) Bol.

50. c) Serán de materiales lisos, lavables, resistentes a la corrosión y no tóxicos.

51. b) Si, siempre que exista una separación efectiva de los productos para evitar contaminación.

52. d) Todas las respuestas son correctas.

53. d) 30 mA.

54. c) 500 lux.

55. a) La manipulación y almacenamiento se harán a temperatura adecuada, que se podrá comprobar y registrar.

56. d) Todas las respuestas son correctas.

57. b) Para elaborar fondos.

58. a) Saltear, rehogar y estofar géneros.

59. b) El rondón es más bajo.

60. a) Se usa para mantener calientes ciertas elaboraciones.

61. c) Bajar la temperatura del alimento.

62. a) Son mesas de trabajo de acero inoxidable y en su parte inferior tiene instalado un sistema frigorífico.

63. c) Carbón vegetal.

64. d) Las respuestas a) y b) son correctas.

65. c) Para mantener los platos calientes antes del servicio.

66. a) Bramante.

67. a) Absorber los vapores y gases desprendidos en la cocción.

68. c) Una gratinadora.

69. d) Conservar.

70. c) Sartén.

TEST N.º 3

Aspectos ecológicos en la limpieza: tipos de residuos. Identificación y tratamiento de los mismos. Recogida y evacuación

1. ¿Qué problemas origina la basura orgánica?

a) Son un medio ideal para la multiplicación de los microorganismos.
b) Atraen frecuentemente insectos, roedores y otros animales que ayudan a la propagación de algunas enfermedades.
c) Empiezan a descomponerse en poco tiempo y generan mal olor.
d) Todas las respuestas son correctas.

2. ¿Cómo se clasifican los residuos generados en la cocina de una residencia?

a) Urbanos.
b) Sanitarios urbanos.
c) Sanitarios asimilables a urbanos.
d) Citotóxicos y biosanitarios.

3. ¿Cuál de las siguientes afirmaciones no es correcta?

a) Los desperdicios de alimentos y de otro tipo podrán acumularse en locales por los que circulen alimentos.
b) Los desperdicios de alimentos y de otro tipo se depositarán en contenedores provistos de cierre, a menos que la autoridad competente permita el uso de otros contenedores.
c) Los depósitos de desperdicios estarán diseñados de forma que puedan mantenerse limpios e impedir el acceso de insectos y otros animales indeseables y la contaminación de los alimentos, del agua potable, del equipo o de los locales.
d) Las opciones a y c no son correctas.

4. ¿Qué son los envases?

a) Recipientes que se utilizan para acumular directamente los residuos.
b) Recipientes que se utilizan para acumular bolsas.
c) Contenedores.
d) Las opciones b) y c) son correctas.

5. ¿Qué características tendrán los contenedores de basura?

a) Impermeables.
b) De fácil limpieza.
c) Con tapa de cierre hermético.
d) Todas las respuestas son correctas.

6. ¿Qué requisitos debe cumplir el traslado interno de los residuos?

a) Supondrá un riesgo para el personal.
b) No se trasvasarán residuos de un envase a otro.
c) Los circuitos utilizados no serán de uso exclusivo.
d) Todas las respuestas son correctas.

7. ¿Qué afirmación es correcta?

a) Los depósitos intermedios para residuos no tendrán salida al exterior para evitar el acceso de personas no autorizadas.
b) Los depósitos intermedios serán refrigerados para evitar la proliferación de microorganismos.
c) Los depósitos intermedios no dispondrán de ventilación para evitar la propagación de olores.
d) Todas las afirmaciones anteriores son correctas.

8. ¿Qué se debe hacer con los aceites usados?

a) Deben recogerse en recipientes metálicos especiales para su posterior incineración.
b) Se tirarán por el desagüe.
c) No son contaminantes, por lo que no requieren ningún tratamiento especial.
d) Se depositan en los vertederos.

9. ¿Qué características tendrán los contenedores de residuos alimenticios?

a) Impermeables.
b) Con tapa de cierre hermético.
c) Con sistema de apertura por pedal.
d) Todas las respuestas son correctas.

10. ¿Qué es falso sobre los depósitos intermedios de residuos?

a) Serán refrigerados.
b) Tendrán entrada desde la cocina y salida al exterior.
c) Es el lugar donde se llevará a cabo la destrucción de los residuos.
d) Las opciones a y b son falsas.

11. ¿Cómo serán los circuitos utilizados para el traslado interno de residuos?

a) Exclusivos.
b) Separados de las vías para público.
c) De un solo sentido.
d) Las opciones a y b son correctas.

12. ¿Cómo puede eliminarse los residuos sólidos asimilables a urbanos?

a) Triturándolos en vertederos controlados.
b) Depositándolos en vertederos incontrolados.
c) Por incineración.
d) Todas las respuestas son correctas.

13. ¿Cuál de los siguientes se considera un residuo inorgánico?

a) Radiaciones.
b) Restos de gasas con sangre.
c) Plátano.
d) Metales.

14. ¿De qué trata el Capítulo 17 del Plan de Residuos de la Comunidad Autónoma de Cantabria 2017-2023?

a) Residuos de Aparatos Eléctricos y Electrónicos (RAEE).
b) Lodos de depuradora.
c) Residuos industriales.
d) Presupuesto y financiación.

15. ¿En qué Capítulo del Plan de Residuos de la Comunidad Autónoma de Cantabria 2017-2023, se trata sobre el reciclado aceites industriales usados?

a) Capítulo 11.
b) Capítulo 12.
c) Capítulo 13.
d) Capítulo 14.

16. Según la Ley 7/2022, de 8 de abril, de residuos y suelos contaminados para una economía circular, un poseedor de residuos es:

a) Una instalación de almacenamiento en el ámbito de la recogida de una entidad local, donde se recogen de forma separada los residuos domésticos.
b) El productor de residuos u otra persona física o jurídica que esté en posesión de residuos.

c) Cualquier persona física o jurídica que desarrolle, fabrique, procese, trate, llene, venda o importe productos de forma profesional, con independencia de la técnica de venta utilizada en su introducción en el mercado nacional.

d) Persona encargada de desempeñar los cometidos previstos en la ley, que designen, en su ámbito respectivo de competencias.

17. ¿Qué es el compost?

a) Residuo de grasas de origen vegetal y animal que se genera tras ser utilizado en el cocinado de alimentos en el ámbito doméstico.

b) Material orgánico higienizado y estabilizado obtenido a partir del tratamiento controlado biológico aerobio y termófilo de residuos biodegradables recogidos separadamente.

c) Toda operación de valorización mediante la cual los materiales de residuos son transformados de nuevo en productos, materiales o sustancias, tanto si es con la finalidad original como con cualquier otra finalidad.

d) Residuo biodegradable vegetal de hogares, jardines, parques y del sector servicios.

18. ¿Con qué siglas se nombran a los residuos que, generalmente liberando oxígeno, pueden provocar o facilitar la combustión de otras sustancias?

a) HP 2.
b) HP 7.
c) HP 8.
d) HP 9.

19. ¿Qué ley deroga la Ley 7/2022, de 8 de abril, de residuos y suelos contaminados para una economía circular?

a) La Ley 37/2009, de 17 de enero, de residuos y suelos contaminados.
b) La Ley 33/2010, de 9 de abril, de residuos y suelos contaminados.
c) La Ley 5/2011, de 30 de septiembre, de residuos y suelos contaminados.
d) La Ley 22/2011, de 28 de julio, de residuos y suelos contaminados.

20. La Ley 7/2022, de 8 de abril, de residuos y suelos contaminados para una economía circular, no es aplicable a:

a) Los explosivos desclasificados.
b) Los suelos contaminados.
c) Los productos fabricados con plástico oxodegradable.
d) Los artes de pesca que contienen plásticos.

21. ¿Qué consideración otorga la Ley 7/2022, de 8 de abril, a los animales domésticos muertos y los vehículos abandonados?

a) Residuos industriales.
b) Residuos domésticos.
c) Residuos comerciales.
d) Residuos municipales.

22. A tenor de la Ley 7/2022, de 8 de abril, la persona física o jurídica, pública o privada, registrada mediante autorización o comunicación que realice cualquiera de las operaciones que componen la gestión de los residuos, sea o no el productor de los mismos, se define como:

a) Negociante.
b) Gestor de residuos.
c) Manipulador de residuos.
d) Intermediario.

23. ¿Cómo define la Ley de residuos y suelos contaminados para una economía circular a toda persona física o jurídica que actúe por cuenta propia en la compra y posterior venta de residuos, incluidas aquellas que no tomen posesión física de los residuos?

a) Negociante.
b) Tratante.
c) Manipulador de residuos.
d) Intermediario.

24. Toda operación de valorización en la que se utilizan residuos no peligrosos aptos para fines de regeneración en zonas excavadas o para obras de ingeniería paisajística, se denomina en la nueva Ley de residuos y suelos contaminados para una economía circular como:

a) Relleno.
b) Colmado.
c) Picado.
d) Batido.

25. Cualquier operación cuyo resultado principal sea que el residuo sirva a una finalidad útil al sustituir a otros materiales, que de otro modo se habrían utilizado para cumplir una función particular o que el residuo sea preparado para cumplir esa función en la instalación o en la economía en general, es definida por la Ley 7/2022, de 8 de abril, como:

a) Valorización.
b) Tratamiento.
c) Biotransformación.
d) Biotratamiento.

26. Cualquier operación mediante la cual productos o componentes de productos que no sean residuos se utilizan de nuevo con la misma finalidad para la que fueron concebidos, es denominada en la Ley de residuos y suelos contaminados para una economía circular como:

a) Biotransformación.
b) Valorización.
c) Reutilización.
d) Reciclaje.

27. La Ley 7/2022, de 8 de abril, de residuos y suelos contaminados para una economía circular, define como residuos domésticos a:

a) Los residuos peligrosos generados en los hogares como consecuencia de las actividades domésticas.

b) Los similares en composición y cantidad a los residuos peligrosos o no peligrosos generados en los hogares como consecuencia de las actividades domésticas generados en servicios e industrias, que no se generen como consecuencia de la actividad propia del servicio o industria.

c) Los residuos no peligrosos generados en los hogares como consecuencia de las actividades domésticas.

d) Todas las respuestas son correctas.

28. ¿Cómo define la Ley 7/2022, de 8 de abril, a cualquier sustancia u objeto que su poseedor deseche o tenga la intención o la obligación de desechar?

a) Resto.

b) Sobrante.

c) Despojo.

d) Residuo.

29. ¿Qué consideración otorga la Ley 7/2022, de 8 de abril, a los residuos procedentes de la limpieza de vías públicas, zonas verdes, áreas recreativas y playas?

a) Residuos industriales.

b) Residuos domésticos.

c) Residuos agrarios y silvícolas.

d) Residuos municipales.

30. ¿Cómo define la Ley 7/2022, de 8 de abril, de residuos y suelos contaminados para una economía circular, a toda persona física o jurídica que organice la valorización o la eliminación de residuos por encargo de terceros, incluidas aquellas que no tomen posesión física de los residuos?

a) Gestor de residuos.

b) Agente.

c) Negociante.

d) Autoridad competente.

31. ¿Qué consideración otorga la Ley 7/2022, de 8 de abril, a los residuos procedentes de los servicios de restauración y bares?

a) Residuos industriales.

b) Residuos domésticos.

c) Residuos agrarios y silvícolas.

d) Residuos comerciales.

32. Los escombros procedentes de obras menores de construcción y reparación domiciliaria, tienen la consideración en la Ley 7/2022, de 8 de abril, de residuos y suelos contaminados para una economía circular, de:

a) Residuos industriales.
b) Residuos municipales.
c) Residuos de construcción y demolición.
d) Residuos domésticos.

33. A los efectos de la Ley 7/2022, de 8 de abril, de residuos y suelos contaminados, se entenderá por agente:

a) Cualquier sustancia que su poseedor deseche.
b) Cualquier objeto que su poseedor tenga la intención de desechar.
c) Toda persona física o jurídica que organice la valorización o la eliminación de residuos por encargo de terceros, incluidas aquellas que no tomen posesión física de los residuos.
d) Todas las respuestas son correctas.

34. A los efectos de la Ley 7/2022, de 8 de abril los residuos procedentes zonas verdes, recreativas, tendrán la consideración de:

a) Residuos comerciales.
b) Residuos industriales.
c) Residuos domésticos.
d) Residuos peligrosos.

35. Son residuos industriales:

a) Los vehículos abandonados.
b) Los residuos que se generan en los hogares de aparatos eléctricos y electrónicos, ropa, pilas, acumuladores, muebles y enseres.
c) Los residuos generados por la actividad propia del comercio, al por mayor y al por menor, de los servicios de restauración y bares, de las oficinas y de los mercados, así como del resto del sector servicios.
d) Los residuos resultantes de los procesos de fabricación, de transformación, de utilización, de consumo, de limpieza o de mantenimiento generados por la actividad industrial.

36. Los animales domésticos muertos, tienen la consideración de:

a) Residuos domésticos.
b) Residuos comerciales.
c) Residuos industriales.
d) No tienen la consideración de residuo.

37. Los vehículos abandonados tienen la consideración de:

a) Residuos comerciales.
b) Residuos domésticos.
c) Residuos industriales.
d) Residuos peligrosos.

38. El residuo clasificado como HP 8. Corrosivo se aplica a:

a) Las sustancias y los preparados líquidos que tienen un punto de inflamación inferior a 21 ºC (incluidos los líquidos extremadamente inflamables).
b) A los residuos que, cuando se aplican, pueden provocar corrosión cutánea.
c) Los residuos que presentan o pueden presentar riesgos inmediatos o diferidos para uno o más compartimentos del medio ambiente.
d) Las sustancias y los preparados que pueden calentarse y finalmente inflamarse en contacto con el aire a temperatura ambiente sin aporte de energía.

39. El residuo HP 6. Toxicidad aguda:

a) Corresponde a los residuos que pueden provocar efectos tóxicos agudos tras la administración por vía oral o cutánea o como consecuencia de una exposición por inhalación.
b) Corresponde a los residuos que contienen microorganismos viables, o sus toxinas.
c) Corresponde a los residuos que tienen efectos adversos sobre la función sexual.
d) Se aplica a las sustancias y los preparados que pueden destruir tejidos vivos.

40. El residuo que se aplica a las sustancias y los preparados que por inhalación, ingestión o penetración cutánea pueden producir pueden provocar una mutación, es decir, un cambio permanente en la cantidad o en la estructura del material genético de una célula:

a) H 8 Corrosivo.
b) H 9 Infeccioso.
c) H 10 Tóxico para la reproducción.
d) HP 11. Mutagénico.

41. Se considera biorresiduo:

a) Los residuos alimenticios y de cocina procedentes de hogares.
b) Los residuos alimenticios y de cocina procedentes de restaurantes y servicios de restauración colectiva.
c) Los residuos alimenticios y de cocina procedentes de establecimientos de venta al por menor.
d) Todas las respuestas anteriores son correctas.

42. La recogida en la que un flujo de residuos se mantiene por separado, según su tipo y naturaleza, para facilitar un tratamiento específico se define como:

a) Gestión de residuos.
b) Tratamiento.
c) Recogida separada.
d) Reutilización.

43. ¿Cuál de las siguientes definiciones se corresponde con el concepto de «valorización»?

a) Las operaciones de valorización o eliminación, incluida la preparación anterior a la valorización o eliminación.
b) Cualquier operación mediante la cual productos o componentes de productos que no sean residuos se utilizan de nuevo con la misma finalidad para la que fueron concebidos.
c) La operación consistente en el acopio de residuos, incluida la clasificación y almacenamiento iniciales para su transporte a una instalación de tratamiento.
d) Cualquier operación cuyo resultado principal sea que el residuo sirva a una finalidad útil al sustituir a otros materiales, que de otro modo se habrían utilizado para cumplir una función particular o que el residuo sea preparado para cumplir esa función en la instalación o en la economía en general.

44. ¿De qué color es el contenedor donde se debe depositar le cartón?

a) Azul.
b) Verde
c) Amarillo.
d) Gris.

45. Para su reciclaje, el vidrio se deben depositar en:

a) El contenedor amarillo.
b) El contenedor azul o gris, indistintamente.
c) El contenedor verde.
d) El contenedor gris.

46. ¿De qué color es el contender especifico para pilas?

a) El contenedor verde.
b) El contenedor gris.
c) Este contenedor se encuentra integrado en el mobiliario urbano de cada ciudad o en establecimientos públicos, por lo que no tiene un color específico.
d) El contenedor azul o gris, indistintamente.

47. ¿Qué numeración lleva el plástico Polietileno tereftalato (PETE)?

a) 1.
b) 2.
c) 3.
d) 4.

48. La separación selectiva de los residuos urbanos se centra fundamentalmente en:

a) Vidrio.
b) Papel y cartón.
c) Envases ligeros.
d) Todas son correctas.

49. ¿Qué son los lodos EDAR?

a) Son residuos de construcción y demolición.
b) Residuos de aparatos eléctricos y electrónicos.
c) Son el subproducto resultante del proceso de depuración de aguas residuales.
d) Son residuos resultantes de restos industriales

50. ¿Qué es la Gestión de Residuos?

a) El sistema de gestión conducente al control de los vertidos efectuados por una empresa al medio acuático
b) El conjunto de diligencias conducentes al manejo integral del sistema ambiental.
c) La introducción directa o indirecta, mediante la actividad humana, de sustancias, vibraciones, calor o ruido en la atmósfera, el agua o el suelo, que puedan tener efectos perjudiciales para la salud humana.
d) La recogida, el almacenamiento, el transporte, la valorización y la eliminación, incluida la vigilancia de estas actividades.

51. ¿Cuál de los siguientes residuos se cataloga como un biorresiduo?

a) Botellas de plástico.
b) Briks de zumo de frutas.
c) Aceites minerales o sintéticos.
d) Restos de la siega del césped efectuada en los jardines y parques.

52. Para su reciclaje, los envases ligeros de metal se deben depositar en:

a) El contenedor amarillo.
b) El contenedor azul o gris, indistintamente.
c) El contenedor verde.
d) El contenedor gris.

Solución al test n.º 3

1. d) Todas las respuestas son correctas.

2. c) Sanitarios asimilables a urbanos.

3. a) Los desperdicios de alimentos y de otro tipo podrán acumularse en locales por los que circulen alimentos.

4. a) Recipientes que se utilizan para acumular directamente los residuos.

5. d) Todas las respuestas son correctas.

6. b) No se trasvasarán residuos de un envase a otro.

7. b) Los depósitos intermedios serán refrigerados para evitar la proliferación de microorganismos.

8. a) Deben recogerse en recipientes metálicos especiales para su posterior incineración.

9. d) Todas las respuestas son correctas.

10. c) Es el lugar donde se llevará a cabo la destrucción de los residuos.

11. d) Las opciones a) y b) son correctas.

12. c) Por incineración.

13. d) Metales.

14. c) Residuos industriales.

15. a) Capítulo 11.

16. a) Una instalación de almacenamiento en el ámbito de la recogida de una entidad local, donde se recogen de forma separada los residuos domésticos.

17. b) Material orgánico higienizado y estabilizado obtenido a partir del tratamiento controlado biológico aerobio y termófilo de residuos biodegradables recogidos separadamente.

18. a) HP 2.

19. d) La Ley 22/2011, de 28 de julio, de residuos y suelos contaminados.

20. a) Los explosivos desclasificados.

21. b) Residuos domésticos.

22. b) Gestor de residuos.

23. a) Negociante.

24. a) Relleno.

25. a) Valorización.

26. c) Reutilización.

27. d) Todas las respuestas son correctas.

28. d) Residuo.

29. b) Residuos domésticos.

30. b) Agente.

31. d) Residuos comerciales

32. d) Residuos domésticos.

33. c) Toda persona física o jurídica que organice la valorización o la eliminación de residuos por encargo de terceros, incluidas aquellas que no tomen posesión física de los residuos.

34. c) Residuos domésticos.

35. d) Los residuos resultantes de los procesos de fabricación, de transformación, de utilización, de consumo, de limpieza o de mantenimiento generados por la actividad industrial.

36. a) Residuos domésticos.

37. b) Residuos domésticos.

38. b) A los residuos que, cuando se aplican, pueden provocar corrosión cutánea.

39. a) Corresponde a los residuos que pueden provocar efectos tóxicos agudos tras la administración por vía oral o cutánea o como consecuencia de una exposición por inhalación.

40. d) HP 11. Mutagénico.

41. d) Todas las respuestas anteriores son correctas.

42. c) Recogida separada.

43. d) Cualquier operación cuyo resultado principal sea que el residuo sirva a una finalidad útil al sustituir a otros materiales, que de otro modo se habrían utilizado para cumplir una función particular o que el residuo sea preparado para cumplir esa función en la instalación o en la economía en general.

44. a) Azul.

45. c) El contenedor verde.

46. c) Este contenedor se encuentra integrado en el mobiliario urbano de cada ciudad o en establecimientos públicos, por lo que no tiene un color específico.

47. a) 1.

48. d) Todas son correctas.

49. c) Son el subproducto resultante del proceso de depuración de aguas residuales.

50. d) La recogida, el almacenamiento, el transporte, la valorización y la eliminación, incluida la vigilancia de estas actividades.

51. d) Restos de la siega del césped efectuada en los jardines y parques.

52. a) El contenedor amarillo.

TEST N.º 4

Acondicionamiento de habitaciones. Prioridad y orden en la limpieza de habitaciones. Limpieza de los aseos. Limpieza de zonas comunes en centros públicos. Cuidado de la ropa: su clasificación en atención al tejido. Significado de los símbolos utilizados en las etiquetas de la ropa. Lavado de la ropa. Sistemas de lavado: a máquina, a mano, en seco. Fases del lavado y secado de la ropa. Instrumentos y productos para lavar la ropa. Clasificación de la ropa en función del tejido, suciedad o procedencia; sus normas de lavado. Limpieza de manchas sobre tejido. Planchado de ropa. Máquinas y útiles de planchado de ropa: su uso. Clasificación de la ropa para su planchado. Normas de planchado en función del tejido: la temperatura de planchado

1. Como norma general, ¿cuál de los siguientes elementos de una habitación se limpiará primero?

a) Techo.
b) Televisión.
c) Suelo.
d) Puerta.

2. ¿Qué elementos de los siguientes es necesario para limpiar el mobiliario lavable?

a) Agua.
b) Detergente neutro.
c) Bayeta que se pueda mojar.
d) Todas son correctas.

3. ¿Cada cuanto es necesario aclarar la bayeta de limpiar los muebles lavables?

a) La bayeta deberá aclararse cuantas veces sea preciso.
b) La bayeta no deberá aclararse hasta el final.
c) La bayeta deberá aclararse solo cuando esté negra.
d) Es indiferente.

4. El mobiliario no lavable, deberá limpiarse preferentemente:

a) Con mopa húmeda.
b) Con plumero.
c) Con bayeta de polvo.
d) Con aspiradora.

5. En la limpieza de superficies de la habitación, ¿cuál de los siguientes elementos se limpia en primer lugar?

a) Sillas y butacas.
b) Las manillas de las puertas.
c) Sistemas de iluminación de la cabecera de la cama.
d) Interruptores.

6. El barrido húmedo se realiza en las habitaciones:

a) Antes de la desinfección.
b) Después de haber limpiado todo.
c) No se realiza en las habitaciones.
d) Una vez por semana.

7. Señalar la opción incorrecta. Para evitar el arrastre de suciedad hacia superficies limpias, se ha de proceder siempre:

a) Desde arriba hacia abajo.
b) Desde de dentro hacia fuera.
c) Desde la zona más limpia hacia la más sucia y contaminada.
d) Desde abajo hacia arriba.

8. Al limpiar un aseo, ¿se debe reponer el papel higiénico?

a) No, esa es una función del personal de mantenimiento.
b) No, pero debemos dar parte de ello al responsable del centro donde se encuentre el mismo.
c) Sí.
d) Sí, pero solamente cuando se trate de aseos públicos, nunca en aseos de oficina.

9. ¿Dónde se coloca la manta en la cama?

a) Directamente sobre el paciente.
b) Sobre las sábanas.
c) Bajo las sábanas.
d) En lugar de la colcha.

10. ¿Cómo se dobla la sábana bajera?

a) A lo largo y con el derecho hacia adentro.
b) A lo ancho y con el revés hacia adentro.
c) A lo ancho y con el derecho hacia adentro.
d) A lo largo con el revés hacia adentro.

11. ¿Cómo se colocan las esquinas al hacer una cama cerrada?

a) En forma de mitra sin remeter los laterales.
b) En forma de mitra remetiendo los laterales.
c) En forma recta y sin remeter.
d) Caerán por los laterales.

12. ¿Cuál es la forma de abrir la cama en abanico?

a) Se procede a doblar dos veces en el mismo sentido el extremo superior de la cama correspondiente al lado por donde va a entrar el usuario.
b) Se cogen los dos extremos del embozo y doblarlos hacia los pies de la cama para luego volver a subirlos hacia la mitad de la cama en sentido inverso.
c) Tirar del extremo de la ropa de cama hacia los pies, hasta que quede descubierta la mitad de la cama, y después volver a doblar hasta llegar al final de la cama.
d) Todas las respuestas son correctas.

13. ¿Cuál de los siguientes materiales no es necesario en la limpieza del baño de una habitación?

a) Carro mopa.
b) Bayeta universal.
c) Detergente ácido con pulverizador.
d) Máquina de chorro a presión.

14. ¿Cuál es el siguiente paso después de aclarar todos los sanitarios por dentro y por fuera, y secarlos?

a) Vaciar papeleras.
b) Fregar el suelo con detergente y desinfectante.
c) Secar bien la grifería para que quede brillante.
d) Frotar el interior del inodoro con ayuda de una escobilla.

15. ¿Cuál es el siguiente paso después de vaciar las papeleras del aseo?

a) Echar agua al inodoro y urinarios para humedecer.
b) Fregar el suelo con detergente y desinfectante.
c) Secar bien la grifería para que quede brillante.
d) Frotar y secar con estropajo o bayeta el lavabo, espejo, grifería, etc.

16. ¿Cuál es el siguiente paso después de secar bien la grifería para que quede brillante?

a) Frotar el interior del inodoro con ayuda de una escobilla.
b) Aclarar todos los sanitarios por dentro y por fuera, y secar.
c) Fregar el suelo con detergente y desinfectante.
d) Vaciar papeleras.

17. ¿Cuánto suele de medir una cama estándar de la habitación de un centro?

a) 80 cm de ancho y 2,10 de largo.
b) 90 cm de ancho y 2,15 de largo.
c) 110 cm de ancho y 2 de largo.
d) 130 cm de ancho y 2,30 de largo.

18. ¿Cuál del siguiente no son elementos de la cama?

a) Somier.
b) Cabecero
c) Barandillas.
d) Todas son elementos.

19. ¿Qué característica tiene el cabecero de la cama de un centro?

a) Ha de ser rígida para evitar mareos.
b) Con varios planos y movimientos de elevación lateral, y ventral.
c) Fácil abatimiento para dar mayor accesibilidad a la cabeza y poder realizar maniobras de reanimación inmediata en casos de emergencia.
d) Todas son incorrectas.

20. La manguera de la ducha del aseo de la habitación de un centro debe medir como mínimo:

a) 1 metro de largo.
b) 1,20 metros de largo.
c) 1,33 metros de largo.
d) 1,53 metros de largo.

21. Generalmente, la distancia de la parte inferior del espejo del baño al suelo no excederá de:

a) 0.5 cm.
b) 1 metro.
c) 1.5 metros.
d) 2 metros.

22. ¿A qué altura de suelo se debe colocar el lavamanos del baño?

a) A una altura de 70 cm.
b) A una altura de 86 cm.
c) A una altura de 100 cm.
d) A una altura de 50 cm.

23. En el procedimiento diario de limpieza de la habitación de un usuario, ¿qué se hace previamente al uso del desinfectante?

a) La superficie debe limpiarse con solución detergente, para eliminar restos de materia orgánica que pueda inactivar al desinfectante.
b) Ventilar la habitación si es posible y desplazar los elementos hacia su lugar de origen.
c) Quitar los residuos y proceder a realizar el barrido húmedo.
d) Limpiar con el paño azul impregnado con la solución desinfectante el entorno inmediato del usuario.

24. ¿Qué tipo de productos se utilizan para la limpieza del aseo de una habitación?

a) Antioxidantes.
b) Detergente.
c) Lejía.
d) Todas son correctas.

25. El uso del hule impermeable en la cama tiene como fin:

a) Desplazar al enfermo hacia la cabecera de la cama.
b) Proteger. Son de material de plástico por lo que aumenta la incomodidad del paciente, se puede sustituir por pañales de celulosa desechables.
c) Evitar que el paciente se manche.
d) b y c son correctas.

26. La lencería de una cama hospitalaria incluye:

a) Hule, entremetida y cubrecolchón.
b) Sábanas y cubrecama.
c) Funda de almohada y manta.
d) Todas las respuestas anteriores son correctas.

27. La pieza de lencería que se puede utilizar para desplazar al enfermo hacia la cabecera de la cama cuando este se ha ido resbalando hacia abajo de la cama se llama:

a) Sábana encimera.
b) Cubrecolchón.
c) Entremetida.
d) Sábana bajera.

28. ¿Cómo se dobla la colcha?

a) Se dobla a lo largo y con el lado derecho hacia fuera.
b) Se dobla a lo largo y con el lado derecho hacia el interior.
c) Se dobla a lo ancho y con el revés hacia fuera.
d) Se dobla a lo ancho y con el lado derecho hacia el interior.

29. Para doblar la lencería de forma correcta debe tenerse en cuenta que:

a) La sábana bajera se dobla a lo largo y con el derecho hacia adentro.
b) La sábana encimera se dobla a lo ancho y con el revés hacia adentro.
c) La manta y la colcha se doblan a lo ancho y con el derecho hacia adentro.
d) Todas son ciertas.

30. Una de las siguientes opciones describe cómo se hace una cama desocupada, señale cuál:

a) Se le pide al paciente que se baje de la cama y se hace normalmente.
b) Se desplaza al paciente hacia un lado y se hace esa parte, cuando se acaba, se realiza el mismo procedimiento en el lado opuesto.
c) Se debe realizar entre dos personas que se colocarán cada uno a un lado de la cama, de forma que mientras uno hace su parte de la cama el celador sostiene al enfermo.
d) Todas son falsas.

31. El procedimiento a seguir para realizar la esquina de mitra o inglete es:

a) 1. Remeter la sábana en la parte de la cama en la que se quiera realizar la esquina. 2. Levantar la sábana para formar un triángulo. 3. Traer hacia abajo la parte superior del triángulo. 4. Remeter la parte que queda debajo del colchón.
b) 1. Remeter la sábana en la parte de la cama en la que se quiera realizar la esquina. 2. Levantar la sábana para formar un cuadrado. 3. Traer hacia abajo la parte superior del cuadrado. 4. Remeter la parte que queda debajo del colchón.
c) Es el mismo que el sistema Foster.
d) Las esquinas de las camas están sueltas para evitar que el paciente se sienta atrapado, de otro modo la sensación es de aprisionamiento y dificulta el bienestar del paciente.

32. ¿Cuál es el motivo de que las habitaciones utilizadas por los usuarios sean mixtas?

a) Son de hombres/mujeres indistintamente.
b) Son dobles y no convertibles a individual.
c) Por poseer además del espacio donde se encuentra la cama, tengan además aseo.
d) Todo lo anterior es correcto.

33. ¿Qué dato o característica de la cama es falso?

a) Sus dimensiones deben ser al menos de 90 cm de ancho por 2,15 m de largo.
b) Debe poseer ruedas pequeñas para que se desplace con facilidad.

c) Tienen que tener un freno de fácil manejo.

d) Deber ser de fácil limpieza, esterilizable, y los topes con protección de goma.

34. ¿Cómo se elimina la suciedad grasa de un cuarto de baño?

a) Con agua y detergente alcalino.

b) Con estropajo verde y agua.

c) Con lejía rebajada en agua.

d) Con alcohol y agua.

35. ¿Con qué medios se limpiará el mobiliario no lavable?

a) Agua y detergente neutro.

b) Bayeta, agua y detergente neutro.

c) Bayeta de polvo y agua.

d) Bayeta de polvo y producto capta-polvo.

36. Después de realizar la limpieza de los servicios se debe aplicar:

a) Lejía en una concentración al 10 %.

b) Desinfectante tipo zotal, diluido al 50 %.

c) Lejía en una concentración al 2 %.

d) No ser hará nunca nada.

37. ¿Qué procedimiento es aquel que produce la destrucción de los microorganismos patógenos mediante agentes físicos o productos químicos?

a) Esterilización.

b) Desinfección.

c) Limpieza.

d) Desinsectación.

38. ¿Qué pieza o elemento se ubica entre la sábana bajera y la entremetida?

a) Sábana encimera.

b) Cubierta colchón.

c) Hule.

d) Colcha.

39. ¿Cuál de estos elementos es el primero en el orden de lencería?

a) Hule.

b) Entremetida.

c) Manta.

d) Colcha.

40. ¿Qué número de personas es recomendable para la técnica de hacer la cama ocupada?

a) Ninguno, ya que se encarga en celador.
b) Uno.
c) Dos.
d) Tres.

41. ¿Cada cuánto tiempo se hará generalmente la limpieza de pasillos y vestíbulos de centros públicos?

a) 1 vez al día.
b) 2 veces al día.
c) 3 veces al día.
d) A demanda, según necesidades.

42. ¿Qué procedimiento de limpieza se hará primero en la sala de estar de centros públicos?

a) Quitar el polvo del alféizar de la ventana y de los muebles.
b) Repasar puertas y paredes, así como los interruptores de la luz.
c) Vaciar papeleras.
d) Abrir las ventanas para ventilar, evitando la formación de corrientes de aire.

43. ¿Qué tipo de detergente emplearemos en paredes lavables cuando sobre las mismas predomina mucha grasa como suciedad?

a) Neutro.
b) Ácido.
c) Alcalino.
d) Todas son correctas.

44. ¿Cuál es el producto de limpieza a utilizar para eliminar suciedades de cal?

a) Alcalino.
b) Ácido.
c) Amoniacal.
d) Neutro.

45. ¿Cuál es el producto de limpieza a utilizar para eliminar suciedades de cementos sobretodo de obras?

a) Alcalino.
b) Ácido.
c) Amoniacal.
d) Neutro.

46. ¿Cuál es el orden de limpieza en una estancia?

a) Techos, suelos y paredes de abajo hacia arriba.
b) Suelos, paredes de arriba hacia el suelo, y por último techos.
c) Techos, suelos y paredes de arriba hacia abajo.
d) Techos, paredes de arriba hacia el suelo, y por último suelos.

47. La frecuencia de limpieza de los aseos públicos será:

a) Diaria.
b) Dos veces al día.
c) Tres veces al día.
d) Cuantas veces sea preciso en función de la ocupación de estos servicios.

48. ¿Qué se puede utilizar con los mismos resultados de limpieza en paredes lavables, cuando existe alguna altura?

a) Agua y detergente neutro (más limpias) o alcalino (más sucias).
b) Tubo telescópico con mojador.
c) Rastrillo.
d) Todo lo anterior es válido.

49. ¿Qué tipo de detergente emplearemos en paredes lavables de sanitarios poco higiénicos?

a) Neutro.
b) Alcalino fuertemente concentrado.
c) Ácido fuertemente concentrado.
d) Desinfectante.

50. Son características estructurales de un local de lavandería:

a) Las ventanas deberán tener una altura superior a 1,5 metros.
b) Tener un sistema de circulación de agua para su reutilización.
c) La identificación de espacios por colores.
d) Todas las fases del proceso deben localizarse en una misma zona.

51. ¿Cómo será la altura de los locales de lavandería?

a) No necesitan ser muy altos, porque la maquinaria tampoco lo es.
b) Los locales requieren gran extensión pero no demasiada altura.
c) Tendrán altura suficiente para la instalación de tolvas y railes aéreos.
d) Medirán siempre 3 metros.

52. Son fases del circuito limpio:

a) Lavado, planchado y plegado.
b) Secado, planchado, plegado y almacenamiento.
c) Centrifugado, secado, planchado y plegado.
d) Centrifugado, secado, planchado y almacenamiento.

53. ¿Qué separa la barrera sanitaria?

a) Los circuitos limpio y sucio.
b) La zona de trabajo de la zona de almacenamiento.
c) El área de personal del área de material.
d) El centro de la lavandería.

54. ¿Cómo se distribuirán las zonas de trabajo en la lavandería?

a) Siguiendo el orden lógico del proceso.
b) Separadas.
c) Intercomunicadas entre ellas.
d) Todas las respuestas son correctas.

55. El proceso de plancha en calandra ayuda:

a) A centrifugar la ropa para retirar el agua que queda.
b) Al secado parcial de las prendas.
c) A descontaminar la ropa.
d) Al secado parcial de las prendas.

56. ¿Qué principios hay que tener en cuenta a la hora de distribuir físicamente una lavandería?

a) Separación e interrelación de fases, marcha adelante y racionalización de espacios.
b) Unificación de fases, marcha adelante y racionalización de espacios.
c) Separación e interrelación de fases, marcha atrás y racionalización de espacios.
d) Separación e interrelación de fases, marcha adelante y racionalización de tiempos.

57. La zona sucia y la zona limpia de la lavandería estarán separadas por:

a) Carros de ropa limpia y sucia.
b) Por habitaciones independientes.
c) Por un biombo.
d) Por una barrera sanitaria.

58. ¿Qué se hace con las prendas de rechazo?

a) Se depositan en el contenedor correspondiente para que las retire el servicio de limpieza.
b) Se vuelven a lavar.
c) Se planchan y se envían al costurero.
d) Se hacen lotes y se lavan una vez a la semana.

59. En el proceso de centrifugación:

a) Se elimina parcialmente el agua retenida por la ropa durante el lavado.
b) Las prendas pasan de estar empapadas a quedar secas.
c) Se elimina totalmente el agua retenida por la ropa durante el lavado.
d) Todas las respuestas son falsas.

60. ¿Qué fase se desarrolla en la zona limpia de la lavandería?

a) Pesado de la ropa.
b) Recepción de la ropa.
c) Planchado.
d) Carga de la lavadora.

61. El transporte de ropa limpia se realiza:

a) Con un carro manual sin ruedas.
b) En carros perfectamente limpios y preferentemente cerrados.
c) En palés de madera.
d) En grúas transportadoras.

62. ¿Por dónde entra la ropa en la lavandería?

a) Por la zona sucia.
b) Por la zona limpia.
c) Por la zona de residuos.
d) Por railes aéreos.

63. ¿Para qué se pesa la ropa sucia que entra en la lavandería?

a) Para saber cuánto se facturará a cada servicio.
b) Para calcular la dosis de detergente diaria.
c) Para controlar la producción.
d) Ninguna respuesta es correcta.

64. ¿Cómo se clasifica la ropa sucia?

a) Manualmente.
b) Automáticamente.
c) Por departamentos.
d) No se clasifica.

65. ¿Qué ocurre cuando el peso de ropa por lavado es inferior al recomendado?

a) La ropa queda más apretada, dificultando que los productos puedan penetrar en los tejidos.
b) Las máquinas trabajan más forzadas, y el sistema se puede dañar causando una avería.
c) El consumo de agua para la producción diaria prevista es mayor.
d) Las prendas no quedan limpias.

66. ¿Cómo se carga el túnel de lavado?

a) Manualmente.
b) Mecánicamente.
c) Directamente desde el área de clasificación.
d) Por carros de empuje manual.

67. ¿Cómo atraviesa la ropa la barrera sanitaria?

a) Por una puerta de vaivén.
b) Por el exterior.
c) Por el túnel de lavado.
d) Nunca la atraviesa. La ropa no pasa de una zona a otra.

68. ¿Cuál de estas fases se realiza en la zona limpia?

a) Secado.
b) Planchado.
c) Plegado.
d) Todas las respuestas son correctas.

69. ¿Cuándo se limpiarán y desinfectarán los carros de ropa limpia?

a) Antes de pasar a la zona sucia.
b) Una vez al mes.
c) A diario.
d) Tras cada viaje.

70. ¿Qué lote de ropa se planchará en calandra?

a) Uniformes.
b) Ropa de forma.

c) Ropa de línea.
d) Ropa de baño.

71. ¿Dónde es más adecuado secar la ropa de forma?

a) En calandra.
b) En secadora.
c) En perchas que pasan por el túnel de secado.
d) En centrifugadora.

72. ¿Desde dónde llega la ropa al área de costura?

a) Desde el área de secado.
b) Desde el área de distribución.
c) Desde cualquier lugar.
d) Sólo llega ropa limpia desde cualquier punto del proceso.

73. ¿Qué tipo de sistema es la lavadora convencional?

a) Discontinuo.
b) Continuo.
c) Túnel de lavado.
d) Centrifugadora.

74. ¿Qué semejanza hay entre un túnel de lavado y una lavadora convencional?

a) Gastan la misma cantidad de agua.
b) Utilizan la misma cantidad de producto de lavado.
c) Son sistemas continuos.
d) Son equipos de lavado.

75. ¿En qué caso se tarda menos tiempo en eliminar el agua de la ropa?

a) A mayor velocidad de centrifugación.
b) A menor velocidad de centrifugación.
c) A mayor tiempo de lavado.
d) A mayor tamaño del aparato.

76. ¿En qué se basa el túnel de lavado?

a) En realizar todas las fases de lavado de un conjunto de prendas al mismo tiempo.
b) En dividir las fases de lavado en diferentes compartimentos.
c) En mantener la ropa de manera continua en una fase del lavado.
d) En lavar un lote de ropa cuando termina el anterior.

77. ¿Cuándo se dosifican los productos en el túnel de lavado?

a) En el primer compartimento al inicio del proceso.
b) A mitad del proceso.
c) En cada compartimento.
d) Al inicio de la jornada.

78. ¿En qué caso resulta ventajoso el túnel de lavado?

a) En cualquier lavandería.
b) Cuando se utiliza para el 20 % del volumen de ropa lavado.
c) Cuando se utiliza para el 80 % del volumen de ropa lavado.
b) Cuando se utiliza para el 100 % del volumen de ropa lavado.

79. ¿Qué necesidades se tendrán en cuenta para seleccionar un tipo de túnel?

a) Tipo de prenda a tratar.
b) Peso de cada prenda a tratar.
c) Espacio disponible.
d) Todas las respuestas son correctas.

80. La seda es una fibra:

a) Vegetal.
b) Mineral.
c) Animal.
d) Artificial.

81. ¿Qué es el grupo flotante?

a) El sistema básico de lavado.
b) El sistema básico de centrifugado.
c) El conector a la red.
d) Un sistema de seguridad de la lavandería.

82. ¿Cuál es el primer proceso que se lleva a cabo en la lavandería?

a) Lavado.
b) Secado.
c) Costura.
d) Distribución.

83. ¿Cuál de los siguientes no es un objetivo del lavado?

a) Eliminación total de la suciedad presente en la ropa, sin deteriorar los tejidos, utilizando los productos adecuados.
b) Desinfección de las prendas, cuando sea necesario.

c) Eliminación de arrugas en la ropa.
d) Proporcionar olor y tacto agradable a las prendas lavadas.

84. ¿Cuál es el último producto añadido en el ciclo de lavado?

a) Detergente.
b) Humectante.
c) Suavizante.
d) Coadyuvante.

85. ¿Cuántas fases iguales se dan en un ciclo de lavado?

a) En un mismo ciclo sólo todas las fases son diferentes.
b) Puede haber fases que se repitan, pero depende del programa de lavado.
c) Siempre hay dos fases de humectación.
d) Hay 2 fases de cada tipo.

86. ¿Para qué se realiza la fase de humectación?

a) Para facilitar que el agua penetre entre las fibras para disolver la suciedad.
b) Para favorecer la fijación de manchas solubles en agua.
c) Para eliminar manchas profundas.
d) Todas las respuestas son correctas.

87. ¿Cuándo se realiza el prelavado?

a) Antes del lavado.
b) Después del lavado.
c) Antes del aclarado.
d) Al final del proceso.

88. ¿Cuánto dura el segundo ciclo de prelavado?

a) 5 minutos.
b) 10 minutos.
c) 15 minutos.
d) 20 minutos.

89. ¿En qué ciclo de la fase de prelavado hay centrifugación?

a) Primero.
b) Segundo.
c) Tercero.
d) Cuarto.

90. ¿Cómo se clasifica la ropa?

a) Se harán lotes de ropa que deben contener prendas de características similares.
b) Se harán lotes de ropa de algodón y acrílicos.
c) Se harán lotes de ropa según el peso de cada prenda, independientemente del tipo de ropa.
d) Solo se harán lotes de ropa con los uniformes del personal separados por categorías.

91. ¿Con qué proceso finaliza el ciclo de lavado?

a) Con la entrada de agua.
b) Con la salida total de agua y un centrifugado largo.
c) Con un centrifugado corto y adición de suavizante.
d) Con los entrada de detergente.

92. ¿Qué es cierto sobre el aclarado?

a) Se realiza sin productos.
b) Se realiza sólo al final del proceso de lavado.
c) Va acompañado de agitación.
d) Todas las respuestas son correctas.

93. ¿Qué objetivo tiene el centrifugado?

a) Eliminación de parte del agua retenida en los tejidos.
b) Agitación para favorecer la acción de los productos.
c) Eliminar los productos.
d) Mojar la ropa.

94. ¿Cuándo se realiza siempre un centrifugado?

a) Al inicio del lavado.
b) Después de cada aclarado.
c) Antes de adicionar cualquier producto.
d) Al secar la ropa.

95. ¿Qué ventajas tiene el lejiado tras el lavado?

a) Blanquear y desinfectar la ropa.
b) Mayor fijación de cloro.
c) No necesita neutralizante.
d) Todas las respuestas son correctas.

96. ¿Se pueden producir cruces entre la ropa sucia y la ropa limpia?

a) Siempre.
b) Solo cuando la ropa limpia está empaquetada.

c) Si, teniendo el máximo cuidado de que no haya contacto ente la ropa sucia y la limpia.
d) No, nunca.

97. ¿Qué ventajas tiene el ácido acético como detergente?

a) Forma espuma.
b) Su acción es de larga duración.
c) Es protector del color durante el lavado.
d) Es insensible a la materia orgánica.

98. ¿Qué indican las revoluciones por minutos?

a) Número de vueltas que da el tambor por minuto.
b) Velocidad de lavado.
c) Dosis de producto.
d) Capacidad de la máquina.

99. ¿Qué medida evitaría la aparición de impresiones durante el planchado?

a) Aumentar la presión de la cabeza de planchado.
b) Activar el vacío al mismo tiempo que se plancha con presión.
c) Reducir la presión de la cabeza de planchado.
d) Todas las respuestas son correctas.

100. ¿Qué es cierto sobre la manipulación de la ropa limpia?

a) Debe ser mínima.
b) La puede hace cualquier trabajador de la lavandería.
c) Debe ser máxima.
d) No se manipulará la ropa limpia.

101. ¿Qué manipulación de la ropa se lleva a cabo en la zona sucia?

a) Separación.
b) Clasificación.
c) Desmanchado.
d) Todas estas operaciones se realizan en la zona sucia.

102. ¿Cuál de estas manchas se puede eliminar con benzol?

a) Grasa.
b) Bolígrafo.
c) Chicle.
d) Fruta.

103. ¿Con qué método eliminaría una mancha de café en una prenda de algodón blanco?

a) Vinagre.
b) Benzol.
c) Agua oxigenada.
d) Lejía.

104. ¿Qué remedio es eficaz frente a las manchas de óxido?

a) Limón.
b) Agua oxigenada.
c) Alcohol.
d) Éter.

105. ¿Con qué producto se podrá eliminar una mancha de moho en el tejido?

a) Éter.
b) Perborato.
c) Limón.
d) Vinagre.

106. ¿Con qué limpiaría una mancha de salsa de tomate reciente?

a) Lejía.
b) Alcohol.
c) Agua fría.
d) Acetona.

107. ¿Cómo se recogerá la ropa en el centro?

a) De forma selectiva.
b) Toda junta.
c) Clasificada por patologías.
d) Separada por usuarios.

108. ¿Con qué se quita la mancha de alquitrán?

a) Acetona.
b) Benzol.
c) Hielo.
d) Glicerina.

109. ¿Qué mancha se quita con hielo?

a) Tinta.
b) Chicle.

c) Laca de uñas.
d) Bolígrafo.

110. ¿Qué es lo primero que se nota por el deterioro de las prendas?

a) Rotura de las fibras.
b) Tacto.
c) Aplastamiento de las fibras.
d) Delgadez de las fibras.

111. ¿Cómo influye la concentración de sales minerales del agua en el lavado de los tejidos?

a) Se da una alta concentración de sales en las aguas blandas, que obstruyen la maquinaria.
b) Una baja concentración de sales indica que el agua es dura, y puede deteriorar la resistencia de los tejidos.
c) Las sales en concentración alta pueden precipitar y acumularse, obstruyendo los conductos de las máquinas, y originando manchas sobre las prendas.
d) Las sales en concentración baja pueden dificultar el lavado de la prenda, reduciendo la eficacia del detergente.

112. ¿Qué producto se puede añadir para paliar los efectos de los iones del agua durante el lavado?

a) Secuestrantes.
b) Ablandecedores.
c) Tamponantes.
d) Neutralizantes.

113. ¿Qué pH indica que una sustancia es neutra?

a) 14.
b) 7.
c) 1.
d) 0.

114. Para tejer, ¿qué conjunto de hilos va colocado a lo largo del telar?

a) Urdimbre.
b) Trama.
c) Fibra.
d) Tafetán.

115. ¿Qué tipo de tejido es la felpa?

a) Tafetán.
b) Cruzado.
c) Liso.
d) De hilos levantados.

116. ¿Cómo se consigue mayor resistencia en el hilo?

a) Con fibras más gruesas.
b) Con torsión más fuerte.
c) Con torsión más suave.
d) Con más fibras.

117. ¿Qué es la elasticidad?

a) La capacidad de la fibra de recuperar su forma inicial tras aplicar una tracción.
b) La capacidad de la fibra de no romperse tras plegarse por sí misma.
c) La rigidez de la fibra.
d) La capacidad de una fibra de mantener su estructura.

118. ¿Qué clasificación se puede hacer de las fibras naturales?

a) Artificiales y sintéticas.
b) De origen animal o vegetal.
c) De semilla, tallo u hojas.
d) Lana, pelo o seda.

119. ¿De dónde se obtiene el miraguano?

a) De tallos.
b) De un gusano.
c) De semillas.
d) De hojas.

120. ¿Cómo se obtienen las fibras artificiales?

a) Por transformación química de las fibras naturales.
b) Por transformación de las fibras sintéticas.
c) Por polimerización de derivados del carbón o el petróleo.
d) Directamente de un animal o planta.

121. Las plegadoras o dobladoras:

a) Tienen función de empaquetar la ropa.
b) Se pueden acoplar a la calandra para doblar ropa de línea sin manipulación.

c) Sirven para doblar ropa manual.
d) Ninguna es correcta.

122. Las agujas sirven para coser, y se diferencian por:

a) Su longitud.
b) Su grosor.
c) La forma de la punta.
d) Todas las anteriores.

123. Para zurcir, se recomienda una aguja:

a) Larga, fina, con el ojo alargado.
b) Bastante gruesa, con el ojo alargado y que acabe en punta.
c) De guarnicionero cuya punta es plana.
d) Especial, gruesa, de punta redondeada.

124. Las tijeras «dentadas»:

a) Permiten realizar un trabajo de precisión.
b) Evitan sobrehilar en muchos casos.
c) Servirán sólo para trabajar con telas gruesas.
d) Sirven mayormente para cortar papel.

125. ¿Qué es un fruncido?

a) Costura que no que se ve ningún borde.
b) Punto de hilván.
c) Cosido de una tela que se ha recogido para obtener vuelo.
d) Puntadas que atraviesan alternativamente por encima y por debajo la línea de unión de las orillas de dos telas.

126. El hilo de torzal:

a) Se usa para hilvanar.
b) Se usa para bricolaje y cuero.
c) Permite coser tejidos gruesos.
d) Es el mejor para zurcir.

127. Los tejidos gruesos (sarga, gabardina, tafetán...) se cosen con:

a) Aguja plana de punta gorda.
b) Aguja fina (80-90) y punta redonda.
c) Aguja de punta redonda.
d) Un papel interpuesto entre la aguja y el tejido.

128. La bastilla es uno de los puntos básicos más sencillos y sirve principalmente para:

a) Todas las costuras de unión y también para asegurar.
b) La unión provisional de dos telas y es parte indispensable de la fase de preparación.
c) Bordar.
d) Remendar un siete o fruncir la tela, pero también es útil para patchwork.

129. Se utiliza para realizar los ojales, el punto:

a) De sobrehilado.
b) De festón.
c) Por encima.
d) Deslizado.

130. En el cosido a máquina:

a) La bobina superior proporciona el hilo que se cruza con el primero para formar el punto.
b) La bobina superior facilita el hilo que se enhebra en la aguja y atraviesa la tela.
c) La canilla facilita el hilo que se enhebra en la aguja y atraviesa la tela.
d) Ninguna de las anteriores.

131. Señala cuál de los siguientes no es un punto a máquina:

a) Surjete.
b) Punto de bordado.
c) Punto derecho.
d) Punto revés.

132. Este símbolo significa:

a) Temperatura mínima de lavado 40 ºC y proceso de centrifugado rápido.
b) Temperatura máxima de lavado 40 ºC y proceso suave.
c) Temperatura máxima de lavado 40 ºC y proceso muy suave.
d) Todas son falsas.

133. ¿Qué símbolo representa un secado plano?

a) Cuadrado con una línea vertical.
b) Cuadrado con doble línea vertical.
c) Cuadrado con una línea horizontal.
d) Cuadrado vacío.

134. Cuando en el etiquetado de una prenda de ropa aparece un triángulo con su interior vacío, significa que:

a) Admite lavado en seco.
b) Admite lejía en el lavado.

c) No admite ningún blanqueante.
d) No se debe usar lejía.

135. ¿Cuál de las siguientes mezclas, realizadas en la proporción adecuada, es efectiva para la eliminación de las manchas de tintura de yodo en la ropa?

a) Agua y amoníaco.
b) Bórax y glicerina.
c) Agua y trementina.
d) Lejía y amoniaco.

136. Los números en el símbolo en forma de tina de lavado, ¿qué especifican?

a) Las temperaturas mínimas de lavado en grados centígrados.
b) Las temperaturas de lavado que podrán superarse en cada prenda.
c) Las temperaturas máximas de lavado en grados centígrados.
d) Ninguna respuesta es correcta.

137. ¿Cómo se indica que una prenda no debe lavarse?

a) Con una cruz tachando la tina de lavado,
b) Con una franja debajo de la tina de lavado.
c) Con una cruz debajo de la tina de lavado.
d) Con un círculo en la tina de lavado.

138. ¿Cómo se indica un tratamiento mecánico muy reducido?

a) Con una tina y una cruz.
b) Con una franja bajo la tina.
c) Con doble franja bajo la tina.
d) Con una raya vertical sobre la tina.

139. ¿Qué indica el triángulo con dos líneas oblicuas?

a) Que el blanqueador de oxígeno no está permitido.
b) Que el blanqueador de oxígeno está permitido.
c) Que el cloro está permitido.
d) Que el oxígeno y el cloro para blanqueamiento están permitidos.

140. ¿Cuál es el símbolo del secado?

a) El círculo.
b) El triángulo.
c) El cuadrado.
d) La cruz.

141. ¿Qué símbolo representa un secado por goteo?

a) Cuadrado con una línea vertical.
b) Cuadrado con doble línea vertical.
c) Cuadrado con tres líneas verticales.
d) Cuadrado vacío.

142. ¿A qué proceso de planchado se someten las toallas?

a) Calandra.
b) Maniquí.
c) Túnel de secado.
d) No se planchan.

143. ¿Qué temperatura máxima de planchado indica un símbolo de una plancha con dos puntos?

a) 100 ºC.
b) 120 ºC.
c) 150 ºC.
d) 200 ºC.

144. Cuando en el etiquetado de una prenda de ropa aparece un círculo con su interior vacío, significa que:

a) Admite lavado en seco.
b) No admite el lavado a mano.
c) Solo admite el lavado a mano.
d) No admite el lavado en seco.

145. ¿En qué lengua figurará obligatoriamente la inscripción de la etiqueta?

a) Al menos en la lengua española oficial del Estado.
b) Solamente en la lengua española oficial del Estado.
c) Al menos en la lengua propia de la Comunidad fabricante.
d) No hay referencia al respecto en la ley.

146. ¿Qué caracteriza a los productos de lana virgen?

a) Han sufrido una operación de hilatura.
b) Están compuestos por varias fibras.
c) No han sufrido una operación de enfieltrado.
d) Ninguna es una característica de la lana virgen.

147. Todo producto textil compuesto por dos o más fibras, en el que una de ellas represente el 85 por 100 del peso total, como mínimo, se designará mediante:

a) El nombre de la fibra y su porcentaje en peso.
b) El nombre de la fibra y la indicación de "85 por 100 mínimo".
c) La composición porcentual completa del producto, ordenada de mayor a menor.
d) Cualquier de las indicadas anteriormente.

148. El siguiente símbolo significa:

a) Lavado.
b) Secado.
c) Prensado.
d) Blanqueo.

149. ¿Qué indica este símbolo en relación al planchado?

a) Plancha a baja temperatura.
b) Planchado a la temperatura máxima de la placa inferior de 200 ºC.
c) Plancha a temperatura moderada.
d) No planchar.

150. ¿Qué indica este símbolo en secado natural?

a) Secado plano por goteo a la sombra.
b) Línea de goteo secando a la sombra.
c) Secado al aire por goteo a la sombra.
d) Secado al aire.

151. ¿Qué indica este símbolo?

a) Secado en tambor permitido.
b) Secado en tambor no permitido
c) Permitido blanqueador con oxígeno.
d) Permitido todo tipo de blanqueador.

Solución al test n.º 4

1. a) Techo.

2. d) Todas son correctas.

3. a) La bayeta deberá aclararse cuantas veces sea preciso.

4. c) Con bayeta de polvo.

5. c) Sistemas de iluminación de la cabecera de la cama.

6. a) Antes de la desinfección.

7. d) Desde abajo hacia arriba.

8. c) Sí.

9. b) Sobre las sábanas.

10. a) A lo largo y con el derecho hacia adentro.

11. b) En forma de mitra remetiendo los laterales.

12. b) Se cogen los dos extremos del embozo y doblarlos hacia los pies de la cama para luego volver a subirlos hacia la mitad de la cama en sentido inverso.

13. d) Máquina de chorro a presión.

14. b) Fregar el suelo con detergente y desinfectante.

15. a) Echar agua al inodoro y urinarios para humedecer.

16. a) Frotar el interior del inodoro con ayuda de una escobilla.

17. b) 90 cm de ancho y 2,15 de largo.

18. d) Todas son elementos.

19. c) Fácil abatimiento para dar mayor accesibilidad a la cabeza y poder realizar maniobras de reanimación inmediata en casos de emergencia.

20. d) 1,53 metros de largo.

21. b) 1 metro.

22. b) A una altura de 86 cm.

23. a) La superficie debe limpiarse con solución detergente, para eliminar restos de materia orgánica que pueda inactivar al desinfectante.

24. d) Todas son correctas.

25. b) Proteger. Son de material de plástico por lo que aumenta la incomodidad del paciente, se puede sustituir por pañales de celulosa desechables.

26. d) Todas las respuestas anteriores son correctas.

27. c) Entremetida.

28. d) Se dobla a lo ancho y con el lado derecho hacia el interior.

29. d) Todas son ciertas.

30. d) Todas son falsas.

31. a) 1. Remeter la sábana en la parte de la cama en la que se quiera realizar la esquina. 2. Levantar la sábana para formar un triángulo. 3. Traer hacia abajo la parte superior del triángulo. 4. Remeter la parte que queda debajo del colchón.

32. c) Por poseer además del espacio donde se encuentra la cama, tengan además aseo.

33. b) Debe poseer ruedas pequeñas para que se desplace con facilidad.

34. a) Con agua y detergente alcalino.

35. d) Bayeta de polvo y producto capta-polvo.

36. c) Lejía en una concentración al 2 %.

37. b) Desinfección.

38. c) Hule.

39. a) Hule.

40. c) Dos.

41. b) 2 veces al día.

42. c) Vaciar papeleras.

43. c) Alcalino.

44. b) Ácido.

45. b) Ácido.

46. d) Techos, paredes de arriba hacia el suelo, y por último suelos.

47. d) Cuantas veces sea preciso en función de la ocupación de estos servicios.

48. d) Todo lo anterior es válido.

49. d) Desinfectante.

50. b) Tener un sistema de circulación de agua para su reutilización.

51. c) Tendrán altura suficiente para la instalación de tolvas y railes aéreos.

52. b) Secado, planchado, plegado y almacenamiento.

53. a) Los circuitos limpio y sucio.

54. d) Todas las respuestas son correctas.

55. b) Al secado parcial de las prendas.

56. a) Separación e interrelación de fases, marcha adelante y racionalización de espacios.

57. d) Por una barrera sanitaria.

58. b) Se vuelven a lavar.

59. a) Se elimina parcialmente el agua retenida por la ropa durante el lavado.

60. c) Planchado.

61. b) En carros perfectamente limpios y preferentemente cerrados.

62. a) Por la zona sucia.

63. c) Para controlar la producción.

64. a) Manualmente.

65. c) El consumo de agua para la producción diaria prevista es mayor.

66. b) Mecánicamente.

67. c) Por el túnel de lavado.

68. d) Todas las respuestas son correctas.

69. c) A diario.

70. c) Ropa de línea.

71. c) En perchas que pasan por el túnel de secado.

72. a) Desde el área de secado

73. a) Discontinuo.

74. d) Son equipos de lavado.

75. a) A mayor velocidad de centrifugación.

76. b) En dividir las fases de lavado en diferentes compartimentos.

77. c) En cada compartimento.

78. c) Cuando se utiliza para el 80 % del volumen de ropa lavado.

79. d) Todas las respuestas son correctas.

80. c) Animal.

81. b) El sistema básico de centrifugado.

82. a) Lavado.

83. c) Eliminación de arrugas en la ropa.

84. c) Suavizante.

85. b) Puede haber varias fases iguales, pero depende del programa de lavado.

86. a) Para facilitar que el agua penetre entre las fibras para disolver la suciedad.

87. a) Antes del lavado.

88. b) 10 minutos.

89. c) Tercero.

90. a) Se harán lotes de ropa que deben contener prendas de características similares.

91. b) Con la salida total de agua y un centrifugado largo.

92. c) Va acompañado de agitación.

93. a) Eliminación de parte del agua retenida en los tejidos.

94. b) Después de cada aclarado.

95. a) Blanquear y desinfectar la ropa.

96. d) No, nunca.

97. c) Es protector del color durante el lavado.

98. a) Número de vueltas que da el tambor por minuto.

99. c) Reducir la presión de la cabeza de planchado.

100. a) Debe ser mínima.

101. d) Todas estas operaciones se realizan en la zona sucia.

102. a) Grasa.

103. c) Agua oxigenada.

104. a) Limón.

105. b) Perborato.

106. c) Agua fría.

107. a) De forma selectiva.

108. b) Benzol.

109. b) Chicle.

110. b) Tacto.

111. c) Las sales en concentración alta pueden precipitar y acumularse, obstruyendo los conductos de las máquinas, y originando manchas sobre las prendas.

112. a) Secuestrantes.

113. b) 7.

114. a) Urdimbre.

115. d) De hilos levantados.

116. b) Con torsión más fuerte.

117. a) La capacidad de la fibra de recuperar su forma inicial tras aplicar una tracción.

118. b) De origen animal o vegetal.

119. c) De semillas.

120. a) Por transformación química de las fibras naturales.

121. b) Se pueden acoplar a la calandra para doblar ropa de línea sin manipulación.

122. d) Todas las anteriores.

123. a) Larga, fina, con el ojo alargado.

124. b) Evitan sobrehilar en muchos casos.

125. c) Cosido de una tela que se ha recogido para obtener vuelo.

126. c) Permite coser tejidos gruesos.

127. a) Aguja plana de punta gorda.

128. d) Remendar un siete o fruncir la tela, pero también es útil para patchwork.

129. b) De festón.

130. b) La bobina superior facilita el hilo que se enhebra en la aguja y atraviesa la tela.

131. d) Punto revés.

132. c) Temperatura máxima de lavado 40 ºC y proceso muy suave.

133. c) Cuadrado con una línea horizontal.

134. b) Admite lejía en el lavado.

135. a) Agua y amoníaco.

136. c) Las temperaturas máximas de lavado en grados centígrados.

137. a) Con una cruz tachando la tina de lavado.

138. c) Con doble franja bajo la tina.

139. b) Que el blanqueador de oxígeno está permitido.

140. c) El cuadrado.

141. c) Cuadrado con tres líneas verticales.

142. d) No se planchan.

143. c) 150 ºC.

144. a) Admite lavado en seco.

145. a) Al menos en la lengua española oficial del Estado.

146. c) No han sufrido una operación de enfieltrado.

147. d) Cualquier de las indicadas anteriormente.

148. a) Lavado.

149. b) Planchado a la temperatura máxima de la placa inferior de 200 ºC.

150. a) Secado plano por goteo a la sombra.

151. a) Secado en tambor permitido.

TEST N.º 5

Objeto y principios básicos de la Ley 31/1995, de 8 de noviembre, de Prevención de Riesgos Laborales: Principios de la acción preventiva; concepto de salud y factores de riesgo; daños derivados del trabajo

1. ¿Qué se entiende por "riesgo laboral"?

a) La posibilidad de que un trabajador sufra un determinado daño derivado del trabajo.
b) La posibilidad de que un trabajador sufra una enfermedad en el trabajo.
c) La posibilidad de que un trabajador sufra acoso.
d) El riesgo que supone el ir a trabajar.

2. ¿Quién debe garantizar a los trabajadores la vigilancia periódica de su estado de salud en función de los riesgos inherentes al trabajo?

a) La Inspección de Trabajo.
b) El propio trabajador.
c) El empresario.
d) Las secciones sindicales.

3. El derecho básico reconocido a los trabajadores por la Ley 31/1995, de 8 de noviembre, es:

a) La vigilancia de su estado de salud.
b) Una protección eficaz en materia de seguridad y salud en el trabajo.
c) La formación en materia preventiva.
d) La información, consulta y participación.

4. Entre los principios de la acción preventiva recogidos por el artículo 15 de la Ley de Prevención de Riesgos Laborales, no figura:

a) Evitar los riesgos.
b) Evaluar los riesgos que se puedan evitar.
c) Tener en cuenta la evolución de la técnica.
d) Dar las debidas instrucciones a los trabajadores.

5. Según establece el art. 4 de la Ley 31/1995, de 8 de noviembre, de Prevención de Riesgos Laborales, se define como daños derivados del trabajo.

a) La posibilidad de que un trabajador sufra un determinado daño derivado del trabajo.

b) El que resulte probable racionalmente que se materialice en un futuro inmediato y pueda suponer y pueda suponer un daño grave para la salud de los trabajadores.

c) Las enfermedades, patologías o lesiones sufridas con motivo u ocasión del trabajo.

d) Cualquier máquina, aparato, instrumento o instalación utilizada en el trabajo.

6. El Plan de Prevención de Riesgos Laborales se considera como obligación empresarial. Señala la correcta:

a) Cuando se trata de empresas cuya actividad esté comprendida en el anexo I del R.D. 39/1997 de 27 de enero.

b) Si se decide por la Inspección de Trabajo y Seguridad social.

c) Para todas las empresas, independientemente del resultado del análisis de los riesgos.

d) Siempre que lo demande la evaluación inicial de los riesgos.

7. Los instrumentos esenciales para la gestión y aplicación del Plan de prevención de riesgos laborales son:

a) La evaluación de riesgos y la planificación de la actividad preventiva.

b) La evaluación inicial de riesgos y la formación.

c) La planificación y la gestión de la actividad preventiva.

d) La identificación y la evaluación de los riesgos.

8. La prevención de riesgos laborales deberá integrarse en el sistema general de gestión de la empresa a través de:

a) La política preventiva.

b) El plan de prevención.

c) El consenso de las partes.

d) El poder de decisión del empresario.

9. El objeto y carácter de la norma de la Ley 31/1995 de Prevención de Riesgos Laborales dice:

a) La presente Ley tiene por objeto promover la salud de los trabajadores mediante la aplicación de medidas y el desarrollo de las actividades necesarias para la prevención de riesgos derivados del trabajo.

b) La presente Ley tiene por objeto promover la seguridad y la salud de los trabajadores mediante la aplicación de medidas y el desarrollo de las actividades necesarias para la prevención de riesgos derivados del trabajo.

c) La presente Ley tiene por objeto promover la seguridad de los trabajadores mediante la aplicación de medidas y el desarrollo de las actividades necesarias para la prevención de riesgos derivados del trabajo.

d) La presente Ley tiene por objeto promover la seguridad, la salud de los trabajadores y la negociación entre empresa y delegados de prevención, mediante la aplicación de medidas y el desarrollo de las actividades necesarias para la prevención de riesgos derivados del trabajo.

10. La acción preventiva en la empresa:

a) Se planificará por el Comité de Seguridad y Salud a partir de una evaluación inicial de riesgos.

b) Se planificará por los Delegados de Prevención a partir de una evaluación inicial de riesgos.

c) Se planificará por el empresario a partir de una evaluación inicial de riesgos.

d) Se planificará por los Delegados de Personal a partir de una evaluación inicial de riesgos.

11. ¿Cuándo se deben utilizar los equipos de protección individual?

a) Siempre.

b) Cuando los riesgos no hayan sido evaluados.

c) Cuando los riesgos no se puedan evitar o no puedan limitarse.

d) Cuando el trabajador lo estime oportuno.

12. La Ley de Prevención de Riesgos laborales, tiene por objeto:

a) Prevenir los accidentes en general.

b) Evitar riesgos en el recorrido al puesto de trabajo.

c) Promover la seguridad y la salud de los trabajadores.

d) Que cada vez haya menos accidentes de tráfico.

13. ¿Quién debe proporcionar al trabajador los equipos individuales de protección adecuados para el desempeño de sus funciones?

a) La Comunidad Autónoma.

b) El empresario.

c) Los Ayuntamientos.

d) El Instituto Nacional de Seguridad y Salud en el Trabajo.

14. Las actividades o medidas que adoptan las empresas en todas sus fases de actividad y tendentes a disminuir o evitar los riesgos derivados del trabajo, se denomina por la Ley 31/1995:

a) Cuidados.

b) Protección.

c) Previsión.

d) Prevención.

15. Se considera como "condición de trabajo":

a) Cualquier característica del trabajo que pueda tener una influencia significativa en la generación de riesgos para la seguridad y la salud del trabajador, quedando excluidas las características generales de los locales e instalaciones, existentes en el centro de trabajo.

b) La naturaleza de los agentes físicos, químicos y biológicos presentes en el ambiente de trabajo y sus correspondientes intensidades, concentraciones o niveles de presencia además de las instalaciones, incluidas las características organizativas del trabajo.

c) Todas aquellas características del trabajo, excluidas las relativas a su organización y ordenación, que influyan en la magnitud de los riesgos a que esté expuesto el trabajador.

d) Todas son correctas.

16. ¿Cuál de los siguientes principios generales de la acción preventiva a aplicar en el trabajo, contenidos en la Ley de Prevención de Riesgos Laborales, es incorrecto?

a) Evaluar los riesgos que no se pueden evitar.

b) Priorizar medidas individuales a las colectivas.

c) Combatir los riesgos en su origen.

d) Tener en cuenta la evolución de la técnica.

17. El proceso dirigido a estimar la magnitud de aquellos riesgos que no hayan podido evitarse, obteniendo la información necesaria para que el empresario esté en condiciones de tomar una decisión apropiada sobre la necesidad de adoptar medidas preventivas y, en tal caso, sobre el tipo de medidas que deben adoptarse, se llama:

a) Adaptación del puesto de trabajo.

b) Evaluación de los riesgos laborales.

c) Plan de prevención de riesgos laborales.

d) Señalización de seguridad y salud en el trabajo.

18. En el marco de sus responsabilidades, el empresario realizará la prevención de los riesgos laborales mediante la integración en la empresa de:

a) Los equipos de protección individual.

b) Los Servicios de Prevención propios.

c) La actividad preventiva.

d) La normativa comunitaria.

19. El Plan de prevención de riesgos laborales debe ser aprobado por:

a) La dirección de la empresa.

b) La autoridad sanitaria.

c) Los representantes de los trabajadores.

d) Todos los trabajadores.

20. Es un instrumento esencial para la gestión y aplicación del Plan de prevención de riesgos laborales:

a) La jerarquización de la estructura preventiva.
b) La elección de los equipos de trabajo.
c) La evaluación de riesgos.
d) La vigilancia de la salud.

21. De acuerdo con lo establecido en la normativa reguladora de la prevención de riesgos laborales, ¿cuál de los siguientes NO es un principio de la acción preventiva?

a) Evaluar los riesgos que no se puedan evitar.
b) Adoptar medidas que antepongan la protección individual a la colectiva.
c) Evitar los riesgos como primera medida.
d) Combatir los riesgos en su origen.

22. Toda lesión corporal que el trabajador sufra con ocasión del trabajo que ejerza por cuenta ajena:

a) Es un riesgo laboral.
b) Es un accidente.
c) Es una enfermedad profesional.
d) Es una simple circunstancia.

23. Señala la respuesta incorrecta:

a) La Ley de Prevención de Riesgos Laborales se aplica a los operativos de Seguridad civil en casos de catástrofe.
b) La Ley de Prevención de Riesgos Laborales se aplica a las sociedades cooperativas.
c) La Ley de Prevención de Riesgos Laborales no se aplica a la relación laboral de carácter especial del hogar familiar.
d) La Ley de Prevención de Riesgos Laborales no se aplica en ningún caso en los establecimientos penitenciarios.

24. Según el artículo 5 de la Ley 31/1995, la política en materia de prevención tendrá por objeto la .... de la mejora de las condiciones de trabajo dirigida a elevar el nivel de protección de la seguridad y la salud de los trabajadores en el trabajo. Señalar la palabra que falta:

a) Revisión.
b) Normalización.
c) Regulación.
d) Promoción.

25. Según la Ley de Prevención de Riesgos Laborales, es obligación de los trabajadores en materia de prevención de riesgos:

a) La protección eficaz en materia de seguridad y salud en el trabajo.

b) Utilizar correctamente los medios y equipos de protección facilitados por el empresario, de acuerdo con las instrucciones recibidas de éste.

c) Soportar el coste de las medidas relativas a la seguridad y la salud en el trabajo.

d) Desarrollar una acción permanente de seguimiento de la actividad preventiva.

26. El manejo y el levantamiento de cargas es una de las principales causas de lumbalgia, señale las medidas correctas para prevenir riesgos en esta actividad:

a) No flexionar las rodillas y mantener la espalda recta y alineada.

b) Acercar al máximo el objeto al centro del cuerpo y levantar el peso de forma gradual, suavemente y sin sacudidas.

c) Girar el tronco mientras se está levantando la carga y nunca pivotar sobre los pies.

d) Todas las respuestas son correctas.

27. Si hablamos de manipulación manual de cargas, el calzado que deberá utilizarse debe ser:

a) Antideslizante.

b) Con protección adecuada el pie contra la caída de objetos.

c) Estable y no provocar caídas.

d) Todas las respuestas son correctas.

28. ¿Qué se entiende por carga?

a) Cualquier objeto susceptible de ser movido.

b) Transporte de animales.

c) Traslado de personas (enfermos) en un hospital.

d) Todo lo anterior es cierto.

29. ¿Qué recomendación o conducta a seguir ante un accidente laboral con exposición a sangre y fluidos corporales contaminados es falsa?

a) Se debe limpiar la herida inmediatamente después del accidente.

b) Se debe determinar el estado inmunológico del sujeto accidentado frente a los virus: VHB, VHC y VIH.

c) Se debe comunicar todo accidente de forma inmediata al responsable de la planta de hospitalización (supervisor) y al Servicio de Medicina Preventiva del hospital.

d) Todas las anteriores son correctas.

30. ¿Qué zona corporal es la más dañada por la manipulación de cargas?

a) Espalda (zona dorso-lumbar).
b) Tórax.
c) Espalda (zona cervical).
d) Extremidades inferiores.

31. ¿Cuándo los objetos se consideran carga en relación con su peso? Aquellos que sobrepasen más de:

a) 1 kg.
b) 3 kg.
c) 25 kg.
d) 40 kg.

32. ¿Qué carga no se recomienda que manejen mujeres, trabajadores jóvenes o aquellos de edad avanzada? Cargas superiores a:

a) 5 kg.
b) 15 kg.
c) 25 kg.
d) 35 kg.

33. ¿Hasta qué carga en condiciones especiales pueden manipularlas trabajadores bien entrenados y sanos físicamente?

a) Hasta 15 kg.
b) Hasta 25 kg.
c) Hasta 40 kg.
d) Hasta 50 kg.

34. La profundidad de la carga no debe superar los:

a) 90 cm.
b) 70 cm.
c) 50 cm.
d) 35 cm.

35. ¿Qué recomendación para el levantamiento manual y traslado de carga es incorrecta?

a) Utilizar más los músculos de las piernas más que los de la espalda.
b) Unir los pies para adquirir una postura estable y equilibrada para el levantamiento, no colocando un pie más adelantado que el otro en la dirección del movimiento.
c) Durante el levantamiento no girar el tronco ni adoptar posturas forzadas.
d) Si el peso fuera excesivo buscar ayuda si es que no pueden usarse medios mecánicos.

36. ¿Qué normativa establece las disposiciones mínimas en materia de señalización de seguridad y salud en el trabajo?

a) Real Decreto 485/1997.
b) Real Decreto 393/2007.
c) Real Decreto 1942/1993.
d) Real Decreto 242/1997.

37. La señal que prohíbe un comportamiento susceptible de provocar un peligro es de:

a) Obligación.
b) Advertencia.
c) Prohibición.
d) Salvamento.

38. ¿Qué tipo de señal es aquella que proporciona otras informaciones distintas a las previstas que dan las señales de prohibición y salvamento o de socorro?

a) Señal indicativa.
b) Señal de seguridad en el trabajo.
c) Señal de salud en el trabajo.
d) Señal peligro.

39. La señal sonora codificada, emitida y difundida por medio de un dispositivo apropiado, sin intervención de voz humana o sintética se denomina:

a) Señal de radio.
b) Señal TV.
c) Señal acústica.
d) Pictograma.

40. Se entiende por la normativa (Real Decreto 485/1997) que un símbolo es lo mismo que:

a) Una señal.
b) Un pictograma.
c) Un icono.
d) Una indicación.

41. La señalización:

a) Deberá considerarse como una medida sustitutoria de las medidas técnicas y organizativas de protección colectiva.
b) Deberá utilizarse cuando mediante las medidas técnicas y organizativas de protección colectiva no haya sido posible eliminar los riesgos o reducirlos suficientemente.

c) Deberá considerarse como una medida sustitutoria de la formación de los trabajadores en materia de seguridad y salud en el trabajo.

d) Deberá considerarse como una medida sustitutoria de información de los trabajadores para su seguridad laboral.

42. ¿Qué significado tiene el color de seguridad azul?

a) Señal de prohibición.
b) Señal de peligro-alarma.
c) Señal de obligación.
d) Señal de advertencia.

43. ¿Qué color tendrá la señal de salvamento o auxilio?

a) Verde.
b) Rojo.
c) Amarillo.
d) Naranja.

44. ¿Qué indicaciones y precisiones da una señal de azul?

a) Indicaciones y precisiones de atención, precaución.
b) Indicaciones y precisiones de obligación de utilizar un equipo de protección individual.
c) Indicaciones y precisiones de comportamiento o acción específica.
d) Son ciertas las respuestas b) y c).

45. ¿Qué color de contraste se aplicará al fondo de la señal de color rojo?

a) El blanco.
b) El amarillo.
c) El negro.
d) El verde.

46. ¿Qué forma tendrán los pictogramas de advertencia?

a) Triangular.
b) Cuadrada.
c) Redonda.
d) Rectangular.

47. Esta señal (borde circunferencia rojo) es de:

a) Prohibición.
b) Peligro-alarma.
c) Obligación.
d) Advertencia.

48. ¿Qué indica esta señal (fondo amarillo) de advertencia?

a) Materiales inflamables.
b) Materiales explosivos.
c) Riesgo de incendio.
d) Materia comburentes.

49. ¿Qué tipo de señal (borde circunferencia blanco y fondo azul) es la de la imagen?

a) Prohibición.
b) Peligro-alarma.
c) Obligación.
d) Advertencia.

50. ¿Qué indica la anterior imagen?

a) Protección obligatoria de la vista.
b) Protección obligatoria de la cara.
c) Protección obligatoria de la cabeza.
d) Protección obligatoria de las vías respiratorias.

51. ¿Qué indica esta señal de lucha contra incendios?

a) Comunicación para la lucha contra incendios.
b) Información para la lucha contra incendios.
c) Teléfono para la lucha contra incendios.
d) Nada de lo anterior.

52. ¿De qué son los pictogramas rectangulares o cuadrados de color blanco sobre fondo verde (el verde deberá cubrir como mínimo el 50 por 100 de la superficie de la señal)?

a) Son de advertencia.
b) Son de peligro.
c) Son de ecología.
d) Son de salvamento o socorro.

53. ¿Cómo se dividen las modalidades o grupos de las zonas de trabajo cuando se emplean radiaciones ionizantes?

a) Abiertas, cerradas y controladas.
b) Abiertas y controladas.

c) Controlada y vigilada.
d) Frías y calientes.

54. ¿Cuál de las siguientes situaciones de trabajo es un factor de riego del estrés?

a) Jornada laboral excesiva.
b) Trabajos no planificados o imprevistos.
c) Acumulación de clientes a determinadas horas.
d) Todas son correctas.

55. ¿Cuál de las siguientes es una medida preventiva de incendio?

a) Tener buena aireación de los locales.
b) Comprobar la hermeticidad de los conductos de gas.
c) Evitar la respiración de vapores orgánicos nocivos desprendidos en el trabajo.
d) Realizar la limpieza en locales bien ventilados.

56. Según el Real Decreto 1299/2006, de 10 de noviembre, ¿que tipo de enfermedades profesionales pertenecen al grupo 2?

a) Enfermedades profesionales causadas por agentes químicos.
b) Enfermedades profesionales causadas por inhalación de sustancias.
c) Enfermedades profesionales causadas por agentes físicos.
d) Enfermedades profesionales causadas por agentes carcinogénicos.

57. ¿Qué indica esta señal en el servicio de radiología o medicina nuclear? El trébol supuestamente es de color amarillo.

a) Zona de permanencia limitada.
b) Zona de permanencia reglamentada.
c) Zona de permanencia vigilada.
d) Zona de acceso prohibido.

58. ¿Cuál es en España la normativa básica que regula en la actualidad la materia de Prevención de Riesgos Laborales?

a) Ley 31/1995, de 8 de noviembre.
b) Ley 13/1990, de 22 de abril.
c) Ley 22/2000, de 12 de diciembre.
d) Ley 14/1998, de 25 de septiembre.

59. ¿Cuál no consideras que sea un factor de riesgo en caídas del mismo nivel?

a) Falta de iluminación.
b) Escaleras.
c) Suelos sucios o resbaladizos.
d) Obstáculos en los pasos o accesos.

60. ¿Qué medida preventiva es específica de las caídas del mismo nivel?

a) Señalizar o iluminar adecuadamente las escaleras.
b) Colocar en los altillos o zonas de trabajo elevadas barandillas con la altura adecuada.
c) Mantener las escaleras limpias y secas.
d) Poner suelos antideslizantes y señalizar, limpiar y secar rápidamente las zonas donde se producen derrames en el suelo.

61. ¿Qué medida preventiva es específica de las caídas desde alturas?

a) Señalizar o iluminar adecuadamente las escaleras.
b) Colocar en los altillos o zonas de trabajo elevadas barandillas con la altura adecuada.
c) Mantener las escaleras limpias y secas.
d) Todo lo anterior es cierto.

Solución al test n.º 5

1. a) La posibilidad de que un trabajador sufra un determinado daño derivado del trabajo.

2. c) El empresario.

3. b) Una protección eficaz en materia de seguridad y salud en el trabajo.

4. b) Evaluar los riesgos que se puedan evitar.

5. c) Las enfermedades, patologías o lesiones sufridas con motivo u ocasión del trabajo.

6. c) Para todas las empresas, independientemente del resultado del análisis de los riesgos.

7. a) La evaluación de riesgos y la planificación de la actividad preventiva.

8. b) El plan de prevención.

9. b) La presente Ley tiene por objeto promover la seguridad y la salud de los trabajadores mediante la aplicación de medidas y el desarrollo de las actividades necesarias para la prevención de riesgos derivados del trabajo.

10. c) Se planificará por el empresario a partir de una evaluación inicial de riesgos.

11. c) Cuando los riesgos no se puedan evitar o no puedan limitarse.

12. c) Promover la seguridad y la salud de los trabajadores.

13. b) El empresario.

14. d) Prevención.

15. b) La naturaleza de los agentes físicos, químicos y biológicos presentes en el ambiente de trabajo y sus correspondientes intensidades, concentraciones o niveles de presencia además de las instalaciones, incluidas las características organizativas del trabajo.

16. b) Priorizar medidas individuales a las colectivas.

17. b) Evaluación de los riesgos laborales.

18. c) La actividad preventiva.

19. a) La dirección de la empresa.

20. c) La evaluación de riesgos.

21. b) Adoptar medidas que antepongan la protección individual a la colectiva.

22. b) Es un accidente.

23. a) La Ley de Prevención de Riesgos Laborales se aplica a los operativos de Seguridad civil en casos de catástrofe.

24. d) Promoción.

25. b) Utilizar correctamente los medios y equipos de protección facilitados por el empresario, de acuerdo con las instrucciones recibidas de éste.

26. b) Acercar al máximo el objeto al centro del cuerpo y levantar el peso de forma gradual, suavemente y sin sacudidas.

27. d) Todas las respuestas son correctas.

28. d) Todo lo anterior es cierto.

29. d) Todas las anteriores son correctas.

30. a) Espalda (zona dorso-lumbar).

31. b) 3 kg.

32. b) 15 kg.

33. c) 40 kg.

34. c) 50 cm.

35. b) Unir los pies para adquirir una postura estable y equilibrada para el levantamiento, no colocando un pie más adelantado que el otro en la dirección del movimiento.

36. a) Real Decreto 485/1997.

37. c) Prohibición.

37. a) Señal indicativa.

39. c) Señal acústica.

40. b) Un pictograma.

41. b) Deberá utilizarse cuando mediante las medidas técnicas y organizativas de protección colectiva no haya sido posible eliminar los riesgos o reducirlos suficientemente.

42. c) Señal de obligación.

43. a) Verde.

44. d) Son ciertas las respuestas b) y c).

45. a) El blanco.

46. a) Triangular.

47. a) Prohibición.

48. a) Materiales inflamables.

49. c) Obligación.

50. c) Protección obligatoria de la cabeza.

51. c) Teléfono para la lucha contra incendios.

52. d) Son de salvamento o socorro.

53. c) Controlada y vigilada.

54. d) Todas son correctas.

55. b) Comprobar la hermeticidad de los conductos de gas.

56. c) Enfermedades profesionales causadas por agentes físicos.

57. a) Zona de permanencia limitada.

58. a) Ley 31/1995, de 8 de noviembre.

59. b) Escaleras.

60. d) Poner suelos antideslizantes y señalizar, limpiar y secar rápidamente las zonas donde se producen derrames en el suelo.

61. d) Todo lo anterior es cierto.

Cómo acceder al Curso

Empleado de Servicios (Personal Laboral Grupo 3)
Test

El uso de los códigos **es exclusivo de los compradores de los productos de Editorial MAD**. Cada producto posee un código único y de un solo uso. Es personal e intransferible y da acceso a servicios y contenidos adicionales. Editorial MAD se reserva el derecho de hacer cuantas comprobaciones sean necesarias para identificar al legítimo poseedor del código y dejar de dar servicio a quien haga uso fraudulento del mismo, además de emprender cuantas acciones legales estime oportunas según la legislación vigente.

Deberás acceder a:

mad.es/registro-campus

Si una vez aceptadas las condiciones de uso del Campus decides hacer uso del mismo, necesitarás del siguiente código de acceso junto con los códigos del resto de títulos que se exigen (si fuera el caso):

A5416R3SFY